상위 1% 아이들이
가진 공부습관의 비밀

상위 1% 아이들이 가진 공부습관의 비밀
꼼짝 않던 아이 성적, 단숨에 끌어올리는 공부습관시스템

초 판 1쇄 2024년 02월 23일
초 판 2쇄 2024년 02월 29일

지은이 전창식
펴낸이 류종렬

펴낸곳 미다스북스
본부장 임종익
편집장 이다경
책임진행 김가영, 윤가희, 이예나, 안채원, 김요섭, 임인영

등록 2001년 3월 21일 제2001-000040호
주소 서울시 마포구 양화로 133 서교타워 711호
전화 02) 322-7802~3
팩스 02) 6007-1845
블로그 http://blog.naver.com/midasbooks
전자주소 midasbooks@hanmail.net
페이스북 https://www.facebook.com/midasbooks425
인스타그램 https://www.instagram/midasbooks

ⓒ 전창식, 미다스북스 2024, *Printed in Korea.*

ISBN 979-11-6910-511-8 03370

값 17,000원

🐾 **미다스북스**는 다음세대에게 필요한 지혜와 교양을 생각합니다.

상위 1% 아이들이
가진 공부습관의 비밀

꼼짝 않던 아이 성적, 단숨에 끌어올리는 **공부습관시스템**

전창식 지음

STUDY HABIT
SYSTEM

미다스북스

공부는 습관이다

　엄마들로부터 수시로 상담 요청이 들어온다. 공부습관캠프에 참가한 후로 자녀가 많이 달라졌다는 이메일을 보내오는 엄마도 있다. 보람을 느끼는 행복한 순간이다. 이 책을 위해 지난 몇 달간 매일 책상에 앉아 글을 썼다. 청소년기의 나와 비교하면 이는 정말 많은 변화다. 놀랍게도 나는 중학교 때까지 학교 수업 외에는 공부해 본 기억이 별로 없다. 그래서 지난 몇 달간 책상에 앉아 글을 썼다는 건 그때의 나와 비교하면 이건 커다란 변화다.

　나는 초등학교부터 중학교 때까지 항상 최상위권 성적을 유지했다. 이렇게 낯 뜨겁고 겸손하지 못한 이야기를 먼저 꺼내는 이유가 있다. 고등학교에 진학하고부터는 성적이 그리 좋지 못했기 때문이다.

내가 초 · 중학교 때까지 공부를 잘할 수 있었던 데는 내가 살던 곳이 시골이었기 때문이기도 하다. 시골이라는 이유로 교육 수준을 무시하려는 것은 아니다. 다만 내가 초 · 중학교를 다닐 때는 도시보다 교육열이 상대적으로 낮은 게 어쩔 수 없는 현실이었다.

내가 초 · 중학교를 나온 곳은 인구 3만 정도의 읍 소재지였다. 중학교 때까지 공부를 꽤 잘했기 때문에 고등학교는 부모님의 높은 기대 속에 도시로 유학을 하게 되었다. 당시 명문대 진학률이 높은 고등학교가 여럿 있었는데 내가 다닌 학교도 그중 하나였다.

고등학교에 진학하고 1학년 여름방학까지는 그런대로 상위권 언저리의 성적을 유지할 수 있었다. 하지만 얼마 지나지 않아 부모님이 나를 걱정스럽게 바라보기 시작했다. 고1 여름방학이 지나면서부터 성적이 크게 떨어지더니 그 자리를 맴돌았기 때문이다. 이 시기에 나는 자신을 돌아보기 시작했던 것 같다.

그러면서 깨달은 점이, 그때까지 공부를 제대로 해본 적이 거의 없다는 사실이었다. 학교가 끝나면 가방을 던져놓고 놀기에 바빴다. 중학교 때까지는 항상 상위권 성적을 유지하고 있었기에 부모님의 공부하란 잔소리도 없었다. 그래서 중학교 때까지 열심히 수업은 들었지만, 그 외 시간에는 공부하는 일이 거의 없었다. 이로 인해 나는 중학교 때까지 공부습관을 만들 기회가 없었다. 그래도 수업을 열심히 듣고, 시험 기간에 잠깐만 공부해도 성적이 잘 나왔었다. 중학교 때까지는 그것이 가능했다.

고등학교에 진학하고부터는 달랐다. 고등학교 과정부터는 학습의 양과 깊이가 다르다. 그래서 좋은 성적을 거두려면 반드시 많은 시간을 공부에 투자해야만 한다. 그렇지 않으면 아무리 머리 좋고 똑똑한 아이라도 좋은 성적이 나올 수 없다. 하지만 나는 고등학교에 진학해서도 중학교 때와 별반 다르지 않은 생활을 하였다. 좋은 성적이 나오지 않는 것은 당연한 결과였다. 당시의 깨달음은 나에게 커다란 동기부여가 되었다.

나는 이때 처음으로 공부를 제대로 해 보자고 마음먹었다. 굳은 마음을 먹고 생활계획표를 짜며 나름대로 열심히 공부에 매달렸다. 하지만 나의 의지와는 달리 매번 마음먹은 대로 되지 않았다. 감정의 변화가 심한 사춘기 청소년기인 데다 그때까지 나에게는 공부습관이 전혀 형성되지 않았기 때문이다. 게다가 부모님을 떠나 도시로 유학을 와, 하숙 생활을 했기 때문에 나를 절제하거나 통제하는 사람도 없었다. 많은 유혹에 흔들릴 수밖에 없었다. 나의 의지만으로 이를 극복하기란 쉽지 않았다.

"공부는 동기나 의지력만으론 부족하다. 습관으로 만들어야 한다."

이는 오랜 기간 교육업에 종사하고 아이들을 가르치며 뒤늦게 깨달은 사실이다. 물론 동기부여와 의지력도 매우 중요하다. 그러나 동기나 의지력만으로 흔들리지 않고 꾸준히 공부하기란 어렵다.

앞으로 이 책에서 다룰 내용이지만, 동기는 감정의 상태에 따라 쉽게 변화하거나 사라져 버린다. 굳은 마음을 먹고 시작한 일이 작심삼일로 끝나 버리는 것도 이 때문이다. 의지력도 공부라는 장기 과제를 수행하다 보면 어느 순간 한계에 부딪히게 된다. 그러나 습관은 자동화된 행동이다. 공부를 습관으로 만들면 의지력이나 노력이 많이 중요하지 않게 된다. 의지력이 받쳐주지 않아도 저절로 공부하게 만드는 힘이 습관이기 때문이다.

나는 독서 습관과 글쓰기 습관을 지니고 있다. 평소에도 매주 한두 권의 책을 읽고, 졸필이지만 매일 글을 쓰고 있다. 내가 책을 읽고, 글을 쓰는 데 의지는 거의 필요하지 않다. 습관이 되었기 때문이다. 책상에 앉으면 저절로 책을 읽고 글을 쓰게 된다. 과거에 나라면 이렇게 장기간에 걸쳐 책을 읽고 글을 쓴다는 것은 생각지도 못할 일이다. 이것이 바로 습관이 지닌 힘이다.

우리나라는 교육열이 높기로 유명하다. 특히 엄마들의 자녀 교육에 대한 열정은 매우 뜨겁다. 교육 정보에 민감하고 학군이 좋다는 동네로 이사를 하기도 한다. 그리고 유명하다는 학원에는 학생들이 넘쳐난다.

좋은 학원에 보내고, 유능한 선생님을 만나면 자녀의 성적이 오를 거라는 믿음을 가진 엄마들이 많다. 이러한 믿음은 반은 맞고 반은 틀린 믿음이다. 자녀가 이미 공부할 수 있는 자세를 갖추고 있다면 믿음은 실현될 것이다. 그러나 자녀가 공부 자세를 제대로 갖추지 못했다면 아무리 좋은 학원, 유능한 선생님을 만나도 시간 낭비일 뿐이다.

우리는 흔히 기초가 되어있지 않으면 기초부터 잡아야 한다고 이야기한다. 하지만 기본이 갖춰지지 않았다면? 그때는 기본부터 잡아야 한다.

공부 자세의 기본은 습관이다.

나는 여러 해 동안 아이들의 공부습관을 잡아주는 '공부습관캠프'를 진행해왔다. 그리고 약 15년간 교육과 관련된 일을 하면서 공부를 잘하기 위해서는 습관이 먼저라는 걸 깨닫게 되었다. 캠프는 이러한 내 생각을 확신으로 증명하고 싶어서 시작한 일이기도 하다. 처음에는 특강으로 시작해서 공부습관캠프로 자리 잡기까지 많은 아이와 함께했다. 그 과정에서 아이들의 변화와 공부습관이 만들어지는 과정을 지켜봤다.

캠프 상담을 하다 보면 유독 불안해하는 엄마들이 있다. 불안의 이유는 방학 때 선행학습을 거르고 캠프에 보내게 되면, 우리 아이만 뒤처지는 건 아닐까 하는 우려이다. 이러한 엄마의 자녀일수록 공부 자세를 갖추지 못한 경우가 많다. 마음이 급해서 단시간에 성적을 올려준다는 학원 광고나 엄마들 사이의 입소문에 많이 휘둘린다. 매번 희망의 문을 두드려 보지만 결과는 없고 마음의 위안만 얻을 뿐이다.

공부는 단기간에 승부를 볼 수 있는 분야가 아니다. 그럼에도 한방 승부로 이를 뒤집을 수 있다고 생각하는 엄마들이 있다. 다시 말하지만, 기본이 안 되어 있으면 기본부터 갖추어야 한다. 공부의 자세를 갖추지 못했다면 공부습관부터 길러야 한다.

물론 공부가 자녀 인생의 전부가 될 수는 없다. 게다가 요즘은 공부를 못해도 어느 한 가지를 잘하면 성공할 수 있는 사회다. 그럼에도 공부를 못하면 선택의 문이 좁아지는 것은 분명하다.

나를 돌아보면 고등학교 때 부족한 의지를 많이 탓했던 것 같다. 그러나 지금은 초·중학교 때 공부습관을 잡았더라면 하는 아쉬운 마음이 든다. 스스로 알아서 잘하는 특별한 아이도 있다. 그러나 자세히 들여다보면 가정 내 환경이나 부모의 역할이 자녀에게 긍정적으로 작용한 경우가 대부분이다.

청소년기는 민감하고 사소한 것에도 감정이 흔들리기 쉬운 시기다. 그래서 자녀가 공부습관을 만들려면 부모, 특히 엄마의 역할이 누구보다 중요하다. 올바른 습관을 갖는 것은 공부뿐만 아니라 인생을 살아가는 데 있어 모든 분야에 필요하다. 운동할 때도, 건강을 지킬 때도, 직장생활을 할 때도 좋은 습관은 유용하다.

나는 공부습관캠프를 진행하면서 아이들을 지도해 보고 습관을 접목해왔다. 아이들의 공부습관이 개선되고 그 과정에서 많은 노하우를 얻었다. 이 책을 내자고 마음먹은 이유는 이렇게 알게 된 정보를 사람들과 나누자는 생각이었다.

막상 글을 쓰기로 하고 나서는 잠시 망설였다. 이러한 노하우가 내가 하는 교육사업의 밑천이기 때문이다. 하지만 이는 나의 오만함이며 유익한 정보를 공유하면 또 다른 이익이 나에게 돌아올 거라 믿게 되었다.

엄마들로부터 자녀의 공부습관에 대한 조언이나 상담 부탁을 많이 받는다. 해줄 내용은 많은데 얼마간의 시간을 내어 상담하는 것만으로는 항상 부족하다는 생각이 들었다. 그래서 내가 알고 있는 내용과

노하우를 엮어서 책으로 전달하고 싶었다. 그래서 책으로 정리한 것
이다.

의지력에 대한 집착을 버려라

일상에서 흔히 하는 말 중에 '시작이 반'이라는 말이 있다. 무언가를 결심하고 실행에 옮길 때 시작이 어렵더라도 일단 시작하면 끝마치는 것은 그리 어렵지 않다는 의미다. 하지만 현실에서도 실제로 그럴까?

운동을 시작하려고 헬스장에 등록하고, 언어를 배워 보려고 새로운 학원에 등록한다. 처음엔 대부분 열정적으로 시작한다. 하지만 시간이 흐르면서 처음의 열정은 흐릿해진다. 결국, 흐지부지 끝나 버리는 경험을 더 많이 하게 된다.

사람들은 변화하겠다고 목표를 세우고 나면 벌써 절반 정도는 이룬 것처럼 뿌듯함을 느낀다. 하지만 실패로 끝나고 나면 "내가 노력이 너무 부족했던 거야.", "너 정말 최선을 다했던 것이 맞니?"라며 스스로 자책하거나 주변 사람들로부터 지적을 받기도 한다. 이러한 경험은 어릴 때부터 성인이 되어서까지도 흔히 겪게 된다.

자녀의 공부도 마찬가지다. 새 학기가 시작되거나 새로 학원을 등록하는 등 어떤 계기가 만들어지면 공부에 대한 야심 찬 목표를 세운다. 그러나 처음의 계획대로 실행되지 못할 때가 많다. 이럴 때 아이들은 자신의 의지력이 너무 부족하다며 실망하거나 절망한다. 공부와는 잘 맞지 않는 것 같다며 자책하기도 한다.

어떤 아이도 처음부터 공부에 관심이 없었던 것은 아니다. 나름대로 열심히 해 보려고 계획도 세워보고 노력도 기울여 봤지만, 자기 뜻대로 결과가 나타나지 않았을 뿐이다. 이때 엄마도 자녀의 노력이나 의지력의 부족을 탓한다. 아이들은 엄마에게서 이런 말을 들으면 고통스럽다. 자신도 나름대로 할 만큼 노력했지만, 마음처럼 되지 않기 때문이다.

엄마들은 공부 잘하는 아이들의 성적이 의지력 또는 노력의 산물이라고 생각한다. 그래서 "대체 왜 우리 애는 할 수 없는 거지?", "우리 애는 왜 이렇게 의지가 약한 거야?"라고 생각한다. 그러면서도 마음 한편에서는 "우리 애가 노력을 안 해서 그런 거야.", "마음먹고 다시 시작하면 얼마든지 잘할 수 있어."라며 결과를 합리화한다. 시작하는 것만으로는 아무것도 바뀌지 않는다. 공부하기로 마음먹는 것

과 이를 지속하는 것은 작동하는 원리가 다르다. 공부를 시작하게 만
드는 것은 동기이고, 이를 지속하게 하는 힘은 의지가 아니라 습관이
기 때문이다.

구분	습관	의지력
자아	비의식적 자아	의식적 자아
행동	자동화된 행동	갈등, 고통…
지속성	지속성 높음	지속성 낮음

[표0-1] 습관과 의지력의 비교

공부습관캠프에 참가한 아이들을 대상으로 설문 조사를 한 적이
있다. 자신의 공부습관에 가장 방해가 되는 요인이 무엇이라고 생각
하는지 물었다. 조사 결과 '의지력 부족'을 꼽은 아이들이 압도적으로
많았다.

설문에 응답한 아이들의 약 76%가 욕구를 통제하지 못하는 의지
력 부족이 자신의 공부를 방해하는 주된 원인이라고 생각한다. 아이
들 대부분은 공부를 잘하고 싶어 한다. 그리고 열심히 해 보려고 노
력해 본 경험도 있다. 하지만 이를 꾸준히 지속하지 못했기 때문에

자신의 문제를 의지력 부족이라고 믿는다. 이는 거의 기정사실처럼 굳어져 있고, 엄마들 역시 의지력만이 자녀가 공부를 잘할 수 있는 유일한 길이라고 생각한다.

하지만 최근 뇌과학이나 심리학 등, 여러 연구 결과에서 밝혀진 공부의 진실은 바로 '습관'이다. 이 책을 쓰게 된 이유도 공부 잘하는 비결이 의지력이 아닌 습관이라는 답을 주기 위함이다.

주위 학생들을 보면 성적은 좋지 않지만, 머리가 좋고 의욕적인 아이들이 많이 있다. 하지만 이러한 아이들마저도 시작과 지속의 불일치 사이에서 고통스러워하고 있다. 매번 성취하기 위해 노력하지만 여러 유혹의 함정에 빠져 처음에 가졌던 마음의 의지를 유지하는 데 번번이 실패하고 만다.

우리는 종종 어떤 목표를 세우면 마치 커다란 관문을 통과한 것처럼 뿌듯하게 생각한다. 그럴 만도 하다. 모든 걸 쉽게 얻을 수 있는 세상에 익숙해지다 보니 결심 자체를 하지 못하게 만드는 방해 요소들이 많다. 그래서 사람들은 정말 절박한 마지막까지 결심을 미루려 한다. 그래서 뭔가를 결심했을 때 그 자체를 성공처럼 여기게 된다. 새로운 마음을 가지고 학원에 등록한 것만으로도 이미 성적이 쑥쑥 금방 오를 것 같다. 하지만 누구나 알다시피 학원에 등록한 것만으로 공부 실력이 갑자기 늘진 않는다.

최근 밝혀진 뇌과학이나 심리학 연구를 보면 인간을 행동하게 만드는 요소는 여러 복잡한 메커니즘에 의해 작동된다. 인간의 내면은 단순하지 않다. 의지력은 이러한 여러 요소 중의 하나일 뿐이다. 그럼에도 많은 엄마와 학생들이 자신의 공부 목표를 이루는 데 있어, 가장 적합한 능력은 의지력이라고 생각한다.

의지력은 무한하지 않다. 쓰면 쓸수록 고갈된다. 물리적인 힘을 많이 쓰다 보면 체력이 부치듯 정신적인 힘 역시 우리의 정신에 스트레스를 가한다. 어느 날 열심히 공부하기로 마음을 먹었다고 가정해 보자. 처음에는 매우 열정적으로 시작하겠지만 이를 지속하기 위해서는 첫날의 열정과 다짐, 동기를 떠올리며 그 과정을 지속해야 한다. 편안함을 추구하려는 인간의 뇌는 모순적이어서 어느 순간 핑곗거리를 맹렬히 검토하기 시작한다. 공부가 익숙하지 않은 아이들은 이러한 모순 속에서 매일 정신적 고뇌로 고통받게 된다.

이 책에서 내가 엄마들에게 전달하고 싶은 것은 이러한 고통을 겪지 않아도 목표를 이룰 수 있다는 사실이다. 공부는 의지력이 아닌 반복적인 행동의 패턴, 즉 습관으로 접근해야 한다. 우리는 알게 모르게 이미 습관에 많은 것을 의존하고 있다. 공부도 마찬가지다. 공부 잘하는 아이들은 의지력이 아닌 습관에 따라 공부하고 지속하여 성과를 낸다. 이 책을 읽고 나면 이를 제대로 활용할 수 있다.

아이들이 처한 환경은 가혹하다

공부는 단기간에 승부를 볼 수 있는 분야가 아니다. 며칠 열심히 공부한다고 해서 바로 결과가 나타나지 않는다. 그러나 꾸준히만 한다면 누구라도 잘할 수 있는 분야이기도 하다.

엄마들이 자녀의 성적 향상을 위해 가장 많이 찾는 곳이 학원과 같은 사교육 기관이다. 그러나 같은 학원에 다녀도 실제로 효과를 보는 아이들은 전체의 15%에 불과하다. 나머지 85% 아이들은 큰 효과를 보지 못하거나 심지어 성적이 더 떨어진다. 학원에 들인 돈과 노력에도 아무런 의미가 없게 되는 것이다. 학원업계 종사자들은 이러한 내용을 이미 잘 알고 있다. 나는 강남의 유명 학원 원장님과 이야기를 나눠본 적이 있다. 그는 이렇게 말한다.

"잘 알다시피 학원의 프로그램이 잘 짜여 있어서 성실히만 수행한다면 성적은 오를 수밖에 없습니다. 하지만 상당수 학생이 이를 제대로 따라오지 못합니다."

공부 자세를 제대로 갖추지 못한 아이들이 학원에서 제공하는 프로그램을 따라가기 위해선 엄청난 고난이 따른다. 그는 또 이렇게 말한다.

"한번 공부습관에 문제가 발생한 학생은 늘 그 문제를 달고 살아요. 공부 외적인 유혹에 빠졌던 아이들은 생활습관이 재설계되었기 때문에, 그러한 패턴대로 행동하려 하고, 유혹을 이기지 못하는 만성적 상태에 놓입니다. 절제를 잃게 된다는 얘기입니다. 아이들도 자신을 실패자라고 여기죠."

아무리 좋은 교육프로그램을 제공해도 생활습관에 이미 문제가 있는 아이들은 이를 제대로 따라가지 못한다. 그러나 이를 아이의 문제로만 탓하기에는 아이들이 처한 환경이 가혹하다.

21세기에 사는 아이들 곁에는 과거에는 경험해 보지 못한 디지털 세상의 다양하고 자극적인 콘텐츠와 재미있는 것들로 가득하다. 많은 IT 기업과 게임회사들은 어떻게 하면 아이들이 콘텐츠 사용을 지속하도록 할지 자극적인 방법을 고안하고 치열하게 연구하고 있다. 자녀들이 게임이나 스마트폰 속 세상에 빠져 시간과 돈, 에너지를 소비하도록 만든다.

우리가 사는 세상은 아이들에게 끊임없이 '더 나은 나'가 되라며 험난한 과제를 던져 주면서도, 이를 달성하기 위해서는 과거보다 더 많은 어려운 상황에 몰아넣는다. 스마트폰, 태블릿, PC 등 디지털 기기가 보편화 되면서 아이들은 언제 어디서나 다양한 디지털 콘텐츠를 접할 수 있게 되었다.

디지털 콘텐츠들은 시각적, 청각적으로 매우 자극적이어서 아이들의 집중력을 쉽게 빼앗아 간다. 또한, 짧은 시간에 많은 정보를 제공하기 때문에 공부에 필요한 끈기와 인내심을 기르기 어렵다. 실제로 '한국청소년정책연구원'의 조사에 따르면 아이들의 약 75%가 공부시간에 디지털 기기를 사용한다고 한다. 이러한 학생들의 학업 성취도는 사용하지 않은 학생들에 비해 낮은 것으로 나타났다.

우리 자녀들은 계속해서 자신의 의지력을 테스트해야 한다. 많은 유혹에 저항하는 것은 고되고 매우 힘든 일이다. 의지력에 의존할수록 자녀는 자신의 나약함만 발견하게 된다. 엄마들은 자녀들이 이러한 가혹한 환경에 놓여 있다는 사실을 간파해야 한다. 자녀의 의지력은 적절한 도구가 되지 않는다.

우리는 무언가를 생각하지 말라고 하면 오히려 더 자주 그것을 떠올리게 된다. 이것이 바로 '욕망의 역설'이다. 의지력만으로 문제를 해결하려다 보면 욕망의 역설에 빠지게 된다. 자녀는 학원 책상에 앉아서 게임 생각을 떠올릴 수도 있다. 이때 게임에 대한 욕망이 커지고, 공부에 대한 동기가 희미해지는 시점에 자아가 발동한다. 그러고 이 지겨운 공부를 그만둬야 할 이유를 손쉽게 찾아낸다. '한 시간만 게임 하고 공부하자.', '오늘은 첫날이니 무리하지 말자.'와 같이 순식간에 자신을 합리화하기 시작한다. 이 때문에 처음 마음먹었던 공부 계획은 사라져 버린다.

자녀가 공부 자세를 갖추지 못한 상태에서 의지력에만 의존하면 실패할 수밖에 없다. 그러나 공부를 습관으로 만들면, 이때부터는 더는 의지력에 기댈 필요가 없어진다. 우리는 일상에서 이미 습관으로 굳은 것이 많다. 집을 나설 때 현관문을 잠그는 일, 운전하면서 방향 지시등을 켜는 일, 우리가 이렇게 행동하는 것은 습관이 우리 행동을 지배하기 때문이다. 자녀의 공부 자세를 만들고 싶다면 자동으로 작동하는 습관의 힘을 활용해야 한다.

이 책은 크게 6장으로 구성되어 있다. 제1장에서는 심리학과 뇌과학을 중심으로 습관의 원리에 대해 다룬다. 먼저 습관을 제대로 이해하는 것이 중요하기 때문이다. 제2장에서 제6장까지는 '공부습관시스템'을 단계별로 알아본다. 먼저 제2장과 제3장에서는 공부습관의 출발점인 '동기부여'와 '목표설정'에 대해 다룬다. 제4장과 제5장에서 공부를 습관으로 만들기 위한 구체적인 방법으로 '습관테마'와 '습관설계'를 다루게 된다. 그리고 제6장에서는 공부습관의 완성을 위한 가이드를 제시한다.

이러한 내용을 제대로 이해하고 실제로 적용한다면 자녀의 공부습관을 만드는 데 많은 도움이 되리라 생각한다. 특히 "아이의 공부습관, 어떻게 만들죠?"라고 묻는 엄마들에게 많은 도움이 되길 바란다.

목 차

제1장 공부는 습관이다

습관의 이해

Prep. 상위권 아이들의 숨겨진 능력

제2장 위대한 변화를 위한 열망의 시작 동기부여

Step1 도약을 위한 시작의 발판

제3장 행동하는 힘을 끌어내라 목표설정

Step2 도전으로 이끄는 행동의 원동력

제4장 놀라운 습관 트레이닝 `습관테마`

Step3 결과로 나타나는 공부습관 훈련법

제5장 습관의 프레임에 넣어라 `습관설계`

Step4 습관에 추진력을 부여하는 기술

제6장 공부습관의 완성 로드맵 습관완성

Step5 성공으로 이끄는 실천 가이드

제1장

공부는
습관이다

습관의 이해

Prep.
상위권 아이들의
숨겨진 능력

STUDY HABIT
SYSTEM

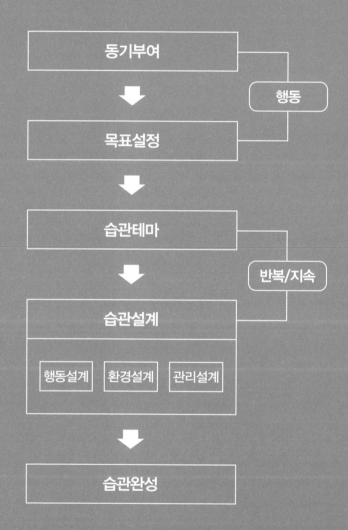

STUDY HABIT
SYSTEM

영국 브리티시컬럼비아 대학의 피파 랠리(Pippa Lally) 연구진은 학생 200여 명을 대상으로 공부습관과 학습의 관계를 알아보는 실험을 진행하였다.

이 실험은 학생들을 두 그룹으로 나누어 12주 동안 진행되었다. 한 그룹은 공부습관을 개선하기 위해 노력하는 그룹이었고, 다른 그룹은 아무런 노력을 하지 않는 그룹이었다.

연구진은 공부습관을 개선하기 위해 노력하는 그룹의 학생들에게 자신이 이루려는 공부습관을 정하도록 하였다. 그리고 매일 공부한 시간과 내용을 기록하여 제출하도록 하였다.

실험 결과 공부습관을 개선하기 위해 노력한 그룹의 학생들이 아무런 노력을 하지 않은 그룹의 학생들에 비해 학업 성적이 크게 향상되었다. 공부습관을 개선하기 위해 노력한 그룹의 학생들의 학업 성적이 평균 10.6% 향상되었고, 공부시간은 30% 증가하였으며, 공부에 대한 만족도가 25% 증가하였다.

랠리 연구진은 이 실험을 통해 공부습관이 학습에 미치는 긍정적인 영향을 확인할 수 있었다. 공부습관이 형성되면 공부하기가 더 쉬워지고, 공부에 대한 집중력이 높아져, 학업 성적이 향상되는 효과를 얻을 수 있었다.

이 실험은 공부습관이 지닌 장점과 특성을 잘 보여준다. 공부습관의 장점과 특성을 좀 더 자세히 알아보자.

습관은 우리가 일상에서 자주 접하는 매우 익숙한 단어이다. 사람들에게 습관에 관해 물어보면 보통 '몸에 밴 행동'이나 '저절로 하게 되는 행동'이라고 말한다. 모두 맞는 말이다. 이는 습관의 특성을 잘 보여준다.

어학 사전에서는 습관을 '어떤 행위를 오랫동안 되풀이하는 과정에서 저절로 익혀진 행동 방식'이라고 설명하고 있다. 그리고 심리학 사전에서는 '학습된 행위가 되풀이되는 과정에서 생기는, 비교적 고정된 반응 양식'이라고 설명한다. 습관은 행위나 행동을 반복함으로써 형성된다. 이는 어학 사전과 심리학 사전에서 공통되게 설명하고 정의하는 것이다.

이 책은 습관형성의 원리를 이해하고, 이를 바탕으로 제대로 된 공부습관을 만드는 것이 목적이다. 따라서 습관의 정의를 명확히 하고 시작하는 것이 좋을 것 같다. 습관형성의 원리를 보다 체계적으로 이해하기 위해서는 심리학이나 과학적 방법으로 접근하는 것이 좀 더 효과적이다.

이를 바탕으로 습관을 정의하면 '습관은 어떠한 행동을 반복함으로써 특정 신호에 자동으로 반응하는 행동 양식'이라고 할 수 있다. 이렇게 정의하는 것이 심리학과 과학적 관점에서 습관을 이해하는 데 좀 더 도움이 된다.

앞서 살펴본 실험에서 공부습관이 학습에 미치는 긍정적인 영향을 확인할 수 있었다. 그렇다면 공부습관은 어떻게 학생들의 학업능력을 끌어올렸을까?

이는 습관이 지닌 특성 때문이다. 습관의 특성은 크게 세 가지를 들 수 있다.

첫 번째는 습관의 자동성이다. 습관은 특정 상황이 만들어지면 그에 반응하여 자동으로 행동한다. 이는 습관이 가진 가장 강력한 힘이다. 예를 들어, 우리는 매일 같은 시간에 잠자리에 들다 보면 시간에 반응하여 졸음이 쏟아지고, 매일 오가는 길은 특별히 의식하지 않아도 익숙한 길에 반응하여 어느새 집에 도착한다. 같은 행동을 반복하여 우리의 몸에 형성된 습관이 특정 상황에 반응하여 행동을 이끈 것이다.

미국 최초의 실험 심리학자 윌리엄 제임스(William James)는 "모든 교육에서 가장 중요한 점은 우리의 신경계를 적이 아닌 협력자로 삼아야 한다. 그러기 위해선 도움이 되는 행동을 이른 나이부터 자동으로 할 수 있도록 만들어야 한다."라고 말한다.

우리 뇌에는 습관회로(Habit Circuits)라는 신경계가 존재한다. 행동을 반복적으로 하다 보면 습관회로가 형성된다. 이렇게 형성된 습관회로는 익숙한 상황에 반응하여 자동으로 행동하도록 만든다. 윌리엄 제임스는 이른 나이에 공부습관이 형성되면, 습관의 자동성으로 인해 어려움 없이 꾸준히 학습할 수 있다는 점을 강조한 것이다.

습관이 지닌 두 번째 특성은 변동성이 작다는 점이다. 인간이 행동하는 요인에는 크게 두 가지가 있다. 습관에 의한 행동과 동기에 의한 행동이다.

동기에 의한 행동은 내면의 욕구가 원인이 되어 행동하는 것을 말한다. 예를 들어, 배가 고프면 요리에 대한 동기가 생기고, 요리하는 행동을 하게 된다. 또, 어느 날 살이 쪘다는 생각이 들면 다이어트를

해야겠다는 동기가 생겨난다. 그러면 헬스장을 등록하거나 운동을 시작하기도 한다. 이러한 것들이 모두 동기에 의한 행동이다.

동기는 무언가를 새로 시작할 때 강한 자극제가 되지만 커다란 단점이 하나 있다. 변화가 매우 심하여 불안정하다는 점이다. 동기에 의한 행동은 욕구가 사라지면 동기도 같이 사라져 버린다. 이렇게 동기가 사라지게 되면 더는 행동하지 않는다. 따라서 동기는 공부와 같이 장기간 수행하는 일에는 적합하지 않다. 동기는 변화가 심하여 꾸준히 행동하기 어렵기 때문이다.

그렇다면 습관은 어떨까? 습관은 한번 형성되면 쉽게 변하지 않는다. 우리가 한번 들인 나쁜 습관을 쉽사리 고치기 어려운 것도 이 때문이다. 변동이 작고 일관된 습관의 이러한 특성은 좋은 습관을 지녔을 때는 오히려 큰 장점으로 작용한다. 공부가 습관이 되면 꾸준히 학습할 힘을 얻게 되는 것이다.

습관이 지닌 세 번째 특성은 힘이 덜 든다는 점이다. 우리는 처음 가는 낯선 장소에서 길을 찾으려면 주위를 살피며 긴장 상태를 유지해야 한다. 하지만 매일 오가는 길이라면 다른 생각을 하며 걸어도 어느새 목적지에 도착하게 된다. 매일 오가던 길이 나의 습관으로 작용하고 있기 때문이다. 따라서 주위를 살피는 에너지를 쓰지 않아도 손쉽게 목적지에 도착할 수 있게 된다. 이처럼 어떤 행동이 습관이 되고 나면 큰 힘을 들이지 않고도 쉽게 결과를 만들어 낼 수 있다.

"공부 잘하는 아이들이 가진 공부의 비밀은 습관이다."

공부가 습관이 된 아이들은 책상에 앉아 공부에 집중하는 것이 자연스럽다. 그러나 공부습관이 만들어지지 않은 아이들은 공부가 힘들고 그 시간이 매우 고통스럽다. 공부를 습관으로 만들지 못하면 이러한 악순환은 계속된다.

공부습관이 잡히면 아이는 저절로 간다. 어떤 학원을 보낼지, 어떤 강사에게 교육을 맡길지는 그다음의 문제이다. 자녀가 공부를 습관으로 받아들이면 힘들이지 않고도 저절로 공부하게 된다. 이것이야말로 자녀의 성적을 올릴 수 있는 가장 확실한 방법이다.

케임브리지 대학의 심리학자 앤서니 디킨슨(Anthony Dickinson) 교수는 습관은 두 가지 면에서 의도적인 행동과 차이가 있다고 말한다. "습관은 적절한 상황이 동작하면 자동으로 촉발되며, 한번 촉발되고 나면 특정한 목표와 관계없이 자동적인 행동으로 이어지게 만든다."라는 것이다.

공부를 잘하려면 습관형성이 근본이 되어야 한다. 공부습관이 갖춰지지 않은 상태에선 아무리 유명한 학원, 뛰어난 강사에게 교육을 받더라도 효과를 기대하기 어렵다. 물론 당장 코앞에 닥친 시험과 학습 평가가 더 시급한 문제로 느껴질 수 있다. 하지만 멀리 가려면 기본 체력부터 다져야 하지 않을까? 습관은 단순히 학교 성적을 올리는 것에 그치지 않는다. 어릴 적 올바른 습관은 인생의 성공을 위해서도 필요하다.

習관의 개념과 공부를 습관으로 만들어야 하는 이유에 대해 살펴봤다. 이제 습관이 어떻게 만들어지고 어떠한 원리로 작동하는지 살펴보자.

얼마 전, 초등학교 6학년 진호가 엄마와 함께 상담을 위해 방문했다. 엄마의 고민은 진호가 게임에만 너무 몰두해 있고, 공부에는 도무지 관심이 없다는 것이었다. 엄마는 진호가 게임중독은 아닌지 걱정하고 있었다. 엄마와 간단한 상담을 마치고, 진호와 단둘이 면담하는 시간을 가졌다. 엄마의 걱정에 대해 진호는 어떻게 생각하는지 물었다. 그러자 진호는 이렇게 말했다.

"저도 열심히 공부해서 잘하고 싶어요. 근데 책상에만 앉으면 자꾸 다른 생각이 나고 공부에 집중이 안 돼요."

진호는 스스로 자책하고 있었다. 진호도 게임에만 몰두하는 자신의 문제에 대해 잘 인지하고 있었다. 그래서 엄마에게 실망을 주지 않으려고 마음먹어 보지만, 매번 생각대로 되지 않았다. 진호 역시 스스로 게임이나 스마트폰을 멀리하려고 노력했지만 그럴수록 생각나고, 공부에 집중할 수 없었다.

아이들과 상담해 보면 진호와 같은 사례를 어렵지 않게 볼 수 있다. 아이들 스스로 공부에 대한 의지가 없는 건 아닌데, 매번 의지와 다른 행동을 한다. 이럴 때 엄마들은 자녀의 의지력이나 끈기의 부족을 말한다. 그런데 이런 문제는 단지 자녀의 의지력이나 끈기 부족의 문제가 아니다. 진짜 원인은 게임이나 스마트폰에 대한 의존성이 습관으로 굳어져 강한 유혹으로 작용하고 있기 때문이다.

진호도 처음부터 공부에 흥미가 없었던 것은 아니다. 초등학교 3학년 때까지는 공부도 잘하고, 엄마 말도 잘 따르는 아이였다. 하지만 스마트폰을 사주고, 게임을 하는 시간이 늘면서 문제가 시작되었다. 엄마가 진호를 항상 감시할 수도 없고, 또 아이들만의 또래 문화가 있는데 스마트폰을 사주지 않거나 자녀가 게임 하는 것을 완전히 차단하는 것은 현실적으로 어려웠다.

진호는 초등학교 3학년 때 처음 스마트폰을 갖게 되었다. 처음에는 문제가 없었으나 어느 순간 스마트폰과 게임에 점점 빠져들기 시작했다. 나중에는 게임에 빠져 학원에 가지 않는 일까지 생겼고, 집에서도 스마트폰에서 손을 떼지 못했다. 이로 인해 게임에 대한 의존성이 심해져 자신을 통제하지 못하는 상황에까지 이르게 되었다. 엄마는 나름의 방법으로 진호를 통제해 보려 했지만 어려운 일이었다. 진호는 의존성이 습관을 넘어 초기 중독의 단계까지 진전되었기 때문이다. 이때부터는 엄마의 훈계를 그저 잔소리로 듣고, 엄마와의 대화를 피하기 시작하였다. 상황이 여기까지 이르자 엄마는 진호와 함께 상담을 위해 방문한 것이었다.

진호는 어떻게 이러한 습관이 형성되었을까? 이는 '습관의 행동패턴'으로 설명할 수 있다. 먼저 '일반 행동패턴'의 과정부터 살펴보자.

[그림1–1] 일반 행동패턴

일반 행동패턴은 신호→반응→행동 이렇게 세 단계를 거친다. 예를 들어, 배가 고프다는 신호를 뇌가 감지하면, 이에 반응하여 음식을 찾는 행동을 한다. 이처럼 일반 행동패턴은 신호에 반응하는 일반적인 행동을 말한다.

그렇다면 습관의 행동패턴은 어떻게 다른지 알아보자. 먼저 신호에 반응하여 행동하게 되는 것은 일반 행동패턴과 같다. 위의 예를 다시 들어보면, 배가 고프다는 '신호'를 뇌가 감지하게 되면 이에 '반응'하여 음식을 찾는 '행동'을 하게 된다. 이때 행동의 결과가 만족스럽지 않으면 행동을 반복하지 않는다. 그러나 결과가 만족스럽다면 같은 행동을 반복하게 된다. 이처럼 행동의 결과에 만족하여 행동을 반복하게 되면 습관이 만들어진다.

조금 더 과정을 나누어 설명해 보겠다. 배가 고파서 냉장고를 열었는데 맛있는 음식이 있어서 매우 만족스러웠다. 다음날도 배가 고파서 다시 냉장고를 열었는데 이번에도 맛있는 음식이 있었다. 매번 냉장고를 열 때마다 맛있는 음식이 있다면 같은 행동을 반복하게 된다. 나중에는 배가 고프다고 생각되면 자동으로 냉장고를 열게 된다. 습관은 이렇게 만들어진다.

위의 예에서 '맛있는 음식에 만족했다.'라는 건 '냉장고를 여는' 행동에 대한 '보상'이다. 이처럼 어떠한 신호에 반응하여 행동하고, 그 결과로 보상을 받게 되면, 같은 행동을 반복하게 된다. 그리고 이를 지속하다 보면 습관이 만들어진다.

이러한 패턴은 '신호 → 반응 → 행동 → 보상'이라는 사이클을 그리게 된다. 이것이 바로 습관의 행동패턴이다. 이러한 패턴은 습관의 중추로써, 습관이 형성되면 매번 이러한 네 단계를 거쳐 같은 행동을 반복하게 된다.

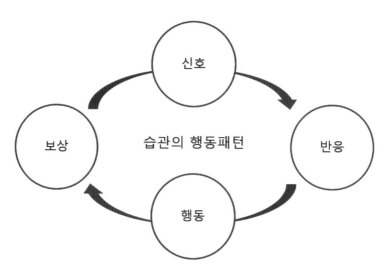

[그림1-2] 습관의 행동패턴

습관의 행동패턴을 단계별로 자세히 알아보자. 먼저 신호의 단계이다. 신호는 우리의 뇌가 행동을 시작하도록 자극하는 역할을 한다. 이러한 신호에는 그 행동을 함으로써 보상이 예상된다는 정보가 들어 있다.

신호는 인간의 생존 본능과 아주 밀접한 관련이 있다. 문명이 발달하기 전, 인간은 매우 나약한 존재였다. 만일 맹수 소리가 들린다면 이는 위험 신호이기 때문에 가능한 그 자리를 빨리 피해야 한다. 반면에, 주변에서 과일 냄새가 난다면 이는 근처에서 과일을 얻을 수 있다는 긍정적인 신호이다. 이처럼 인간은 생존을 위해 신호에 민감하게 반응하도록 진화해 왔고, 현대를 사는 인간에게도 이러한 본능은 내재되어 있다.

습관의 두 번째 행동패턴은 반응이다. 습관이 만들어지면 신호에 반응하여 욕망이 생겨난다. 반응으로 생겨난 욕망은, 행동하게 만드는 동기가 된다. 신호에 반응하는 욕망은 행동을 반복할수록 점점 커진다. 물론 같은 신호라 할지라도 모든 사람이 같은 반응을 하는 것은 아니다. 흡연습관을 지닌 사람은 담배라는 신호에 반응하여 흡연의 욕망이 생기겠지만, 비흡연자에겐 그저 건강에 해로운 물건으로 보일 뿐이다.

습관의 행동패턴 세 번째는 행동이다. 신호에 반응하여 욕망이 형성되면 행동에 옮기게 된다. 인간은 습관을 지니고 있더라도 항상 습관대로 행동하는 것은 아니다. 이성적 판단을 할 수 있으므로 어느 정도 행동을 억제할 수 있다. 그러나 오랫동안 행동을 반복하다 보면, 뇌는 습관의 신호를 강력하게 인식하여 반응하고, 행동의 가능성도 점점 커진다.

습관의 행동패턴 마지막은 보상이다. 보상은 습관의 최종 목표이다. 습관은 보상으로 인해 만들어진다. 우리의 뇌는 어떤 계기로 인해 동기가 유발되면, 과거에 해 보지 않은 새로운 행동을 하게 된다. 그리고 행동의 결과를 판단한다. 이때 결과에 보상이 없거나 미미해서 가치가 없다고 판단되면, 습관의 영역에 저장하지 않는다. 하지만 보상이 크고 기억할 만한 가치가 있다고 판단되면, 신호에 반응하도록 뇌에 각인된다. 보상이 없으면 더는 신호에 반응하여 행동하지 않고, 이미 형성된 습관도 일정 시간이 지나면 더는 행동하지 않는다.

과거의 인간에게 보상은 생존에 필요한 일차적인 것들이었다면, 지금의 인간에게는 권력이나 지위, 타인으로부터의 인정과 같은 다양한 욕망을 포함한다. 인간은 욕망을 이루기 위해 노력하고 쾌락을 추구하는 존재다. 보상은 이러한 욕망과 쾌락의 충족을 뜻하며 행동을 반복하게 만드는 힘으로 작용하여, 습관의 행동패턴을 완성한다.

진호의 사례를 습관의 행동패턴으로 살펴보자. 진호는 이미 스마트폰이나 게임에 의존적인 습관이 형성된 상태이다. 그래서 스마트폰이나 게임이라는 정보는 재미와 즐거움이라는 보상의 신호로 진호의 뇌를 자극한다. 진호가 이러한 신호를 받게 되면 욕망, 즉 반응으로 이어진다. 이러한 반응은 진호를 자신의 의지와 관계없이 행동하게 만드는 강력한 힘으로 작용한다.

이 책을 읽고 있는 독자 중에는 자녀가 게임중독은 아닌지 걱정하는 엄마가 있을지 모르겠다. 자녀가 게임에만 너무 몰두한다면 습관을 교정하고 재설정해야 한다. 게임처럼 중독성이 강한 습관은 보상이 빠르게 나타나기 때문에 쉽게 빠져든다. 반면에 공부와 같이 보상이 늦게 돌아오는 행동은 습관으로 만들기가 어렵다. 공부습관 만들기가 어려운 이유이다.

진호의 사례와 같이, 아이들이 나쁜 습관을 지니고 있다면 이를 어떻게 교정할 수 있을까? 습관의 행동패턴을 이해했다면 원리 자체는 그리 복잡하지 않다. 행동패턴의 네 단계 사이클 중 어느 한 단계만 끊어내도 습관은 멈추게 된다. 신호가 없으면 반응하지 않고, 반응하지 않으면 행동하지 않는다. 행동하지 않으면 보상을 얻을 수 없고,

보상이 없으면 더는 신호에 반응하지 않는다. 이처럼 신호, 반응, 행동, 보상이라는 단계 중 어느 하나라도 충족되지 않으면 습관은 유지될 수 없다.

공부와 같은 좋은 습관을 만들려면 습관 행동패턴의 네 단계 사이클이 유기적으로 작동하도록, 행동패턴의 틀을 만들어 습관을 재설정해야 한다.

습관을 교정하고 재설정하는 것은 원리 자체가 그리 복잡하지는 않다. 하지만 이를 실천하는 과정은 그리 만만치가 않다. 이 책은 공부습관을 만드는 방법에 관한 내용을 담고 있다. 이를 제대로 이해하고 나면, 나쁜 습관을 교정하고 공부습관을 재설정할 수 있다.

한번 형성된 습관은 잘 변하지 않는다. 잘못된 습관을 고치기 어려운 이유도 이 때문이다. 그러나 쉽게 변하지 않는 습관의 특성으로 인해, 한번 공부습관이 생기면 공부가 쉬운 일이 된다. 아직 미성숙한 청소년기 아이들이 이를 스스로 하기엔 무리가 있다. 가장 먼저 할 일은 자녀가 자신을 제대로 인지하는 것이다. 다음은 엄마의 적절한 도움과 관리가 필요하다.

습관을 만드는 뇌의 메커니즘

습관이 만들어지는 행동패턴을 살펴봤다. 이번엔 뇌과학의 관점에 서 습관이 어떻게 만들어지는지 알아보자.

미국 듀크대학 연구팀에 따르면 우리 삶에서 습관이 차지하는 비 율이 약 43%라고 한다. 이는 개인차가 거의 존재하지 않고 사람의 성격이나 나이와도 무관한 것으로 나타났다. 이 정도면 인간은 습관 의 동물이라고 할 수 있다. 인간의 뇌는 일정한 행동 패턴을 반복하 게 되면 이를 인식하여 뇌에 각인시킨다. 이렇게 함으로써 에너지 소 비를 줄일 수 있고 인간은 이러한 방향으로 진화해 왔다.

습관의 메커니즘은 아주 오래전부터 다양한 연구가 이루어졌다. 과거에는 주로 실험에 의한 간접적인 추측으로 연구가 이루어졌다 면, 최근에는 신경 과학 기술의 발달로 습관의 원리에 관한 보다 직 접적인 연구 결과들이 많이 나오고 있다.

최근 이루어진 과학적 연구에 따르면 우리의 뇌에는 강력한 습관 회로(Habit Circuits)가 자리 잡고 있다. 습관회로의 존재는 영국의 신경과학자 앤서니 디킨슨(Anthony Dickinson) 연구팀이 처음 밝혀 냈다.

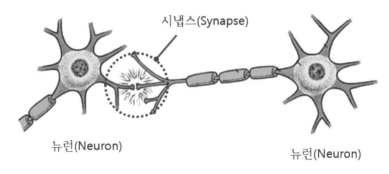

[그림1-3] 뉴런과 시냅스

인간의 뇌에는 뉴런이라는 세포들로 어우러져 있는데, 이는 뇌 기능의 기본이 된다. 이러한 뉴런과 뉴런 사이를 연결하는 것은 시냅스라고 불리는 신경 세포다. 우리가 무언가를 학습하면 뇌를 자극하게 되고, 이때 뉴런들과 시냅스가 네트워크로 연결되면서 기억으로 저장한다. 이렇게 만들어진 네트워크는 반복적인 자극을 받게 되면 점차 강화되어 작은 자극에도 민감하게 반응하며 자동화된다. 이처럼 자동화된 신경 네트워크가 습관회로이고, 이것이 우리에게 습관행동을 하도록 만든다.

콜롬비아 대학의 신경과학자인 루이 코스타(Rui Costa) 연구진은 습관형성 연구를 위해 쥐를 대상으로 실험을 진행하였다.

실험은 먼저 쥐에게 레버를 눌러야 사료가 나오는 시스템에 적응하도록 훈련한다. 이후 두 개의 레버를 제시한다. 오른쪽 레버를 누르면 사료가 나오게 되고, 왼쪽 레버를 누르면 아무런 보상을 받을 수 없게 설계되어 있다. 연구자들은 이 기법을 바탕으로 쥐의 특정 행동이 습관화될 때 뇌에서 일어나는 활동의 변화를 관찰하였다.

그 결과, 이 과정에서 뇌의 활동 패턴이 단계를 거치며 바뀐다는 사실을 발견하였다. 먼저 레버를 누르는 새로운 행동을 배울 때는 전전두엽과 선조체, 중뇌가 활성화되었다. 전전두엽은 뇌에서 주로 학습과 기억을 담당하는 부위다. 낯선 경험이기 때문에 학습에 관여하는 전전두엽이 활성화되어 이를 학습하고, 선조체와 중뇌는 이러한 활동에 의미를 부여한다.

학습 과정을 반복하다 보면 쥐는 사료가 나오는 오른쪽 레버를 누르는 습관이 형성된다. 습관이 형성되고 나면 쥐가 레버를 누를 때

학습을 담당하는 전전두엽은 비활성 되고, 선조체와 감각운동피질 (전두엽과 두정엽 경계면에 있는), 중뇌의 연결망이 강화된다.

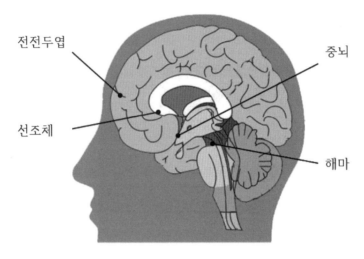

[그림1-4] 습관에 관여하는 뇌 부위

이렇게 형성된 연결망은 행동의 자동화를 일어나게 만든다. 이때 중뇌에서는 신경전달물질인 도파민을 분비하여 행동에 만족감을 느끼도록 결과를 만든다. 쥐가 오른쪽 레버를 누를 때마다 사료라는 보상을 받게 되고, 이때 도파민의 분비를 유발한다. 도파민으로 인해 쥐는 이를 반복하게 되고, 오른쪽 레버에 대한 습관회로 연결성은 강해진다.

이처럼 습관회로는 도파민 분비로 행동의 만족감을 느끼고, 이로 인해 행동을 반복하게 됨으로써 자동화를 만들어내는 뇌의 연결망이다. 쥐가 왼쪽 레버를 눌렀을 땐 아무런 보상을 받지 못한다. 이렇게 되면 쥐는 왼쪽 레버를 누르지 않게 되고 습관회로가 형성되지 않는다. 쥐는 매번 습관회로의 연결성이 강화된 오른쪽 레버만을 누르게 된다. 이러한 행동이 반복되면 습관적인 행동은 점차 굳어지고 강화된다.

이 실험에서 주목해야 할 부분은 습관이 형성되는 과정에서 행동의 반복과 결과로 뇌에서 도파민이 분비된다는 점이다. 좋은 습관이든 나쁜 습관이든 반복하고, 그에 따른 보상체계로 도파민이 분비되면 습관이 형성된다.

도파민 분비의 빠르기는 쉽게 만들어지는 습관과 그렇지 못한 습관과 관련이 있다. 안타깝게도 우리가 버리려는 습관들은 대부분 도파민 분비가 빠르게 이루어진다. 반면에 공부처럼 우리가 만들려고 노력하는 습관들은 대체로 보상을 받기까지 오래 걸린다. 공부는 며칠 열심히 한다고 보상이 돌아오지 않는다. 꾸준히 지속했을 때 성취감이라는 늦은 보상을 받게 되는데, 이때도 뇌에서는 도파민이 분비된다.

자녀들이 쉽게 빠지는 스마트폰이나 게임은 즉각적인 보상이 이루어진다. 이때 중뇌에서는 도파민을 분비함으로써 만족감을 얻게 되고 이를 반복하게 만든다. 반복과 보상으로 만들어진 습관이 점차 굳어지면 어느 순간 통제하지 못하는 중독에 이르게 된다.

자녀의 게임중독으로 고민하는 엄마와 상담할 때가 많다. 엄마들은 대부분 자녀의 행동을 바꿔 보려고 노력한다. 그런데 어떻게 해도 바뀌지 않는다고 하소연한다. 어떤 노력을 했는지 물어보면, 엄마들의 방법은 대부분 비슷하다. 게임이나 스마트폰을 정해진 시간에만 하도록 관리하는 것이다. 습관의 형성원리를 생각해보면 타당성 있는 방법이다. 게임이나 스마트폰을 정해진 시간에만 하도록 관리하면, 새로운 행동의 패턴이 반복되고, 새로운 습관으로 재설정되기 때문이다.

이대로라면 엄마들의 방법이 효과가 있어야 할 텐데 왜 소용이 없었을까? 이는 게임이나 스마트폰에 대한 심각한 의존성 때문이다. 의존성이 심하지 않다면 이 같은 방법으로 습관을 재설정할 수 있다. 하지만 이미 습관으로 굳어져 의존성이 심하다면 이런 방법으로는 해결되지 않는다. 엄마가 제한하고 통제하는 시간에도 아이는 게임이나 스마트폰 생각에 빠지게 된다. 그리고 다시 사용할 수 있는 시간만을 기다린다. 당연히 공부에는 집중하지 못한다.

의존성이 심한 습관을 해결하려면 일정 기간 신호로부터 완전히 차단해야 한다. 자녀의 스마트폰 자체를 없애거나 일정 기간은 절대 사용하지 못하도록 하는 것이다. 이 솔루션을 엄마들에게 제시하면 대부분 난감해 한다. 자녀로부터 강력한 저항을 받을 것이 예상되기 때문이다. 그러면서 다른 방법은 없냐고 물어본다. 다른 방법은 없다. 심한 의존성의 해결방법은 일정 기간 차단하는 것이 유일하고도 가장 확실한 방법이다.

의존성이 심한 습관은 다른 말로 표현하면 중독이다. 마약, 도박, 알코올과 같은 중독에서 벗어나려면 이를 완전히 끊어야 한다. 마찬가지로 과도한 의존성 습관을 교정하려면 적어도 일정 기간은 그것으로부터 완전히 차단해야만 의존에서 벗어날 수 있다. 이는 습관의 행동패턴에서 신호를 차단하고, 의존성을 없애는 도파민 디톡스(Dopamine Detox)의 원리를 이용하는 방법이다.

도파민 디톡스는 뒤에서 다룰 내용이기에 간략히 개념만 설명하겠다. 습관이 지나쳐 의존성을 보이는 아이들은 도파민에 중독된 상태라고 봐야 한다. 이 경우 단지 일시적으로만 행동을 제한하게 되면 금단 증상에 빠지게 된다. 그러면 더 강한 욕구와 충동을 느끼게 된다. 이때 다시 통제를 풀어주면 그동안 참았던 욕구가 한꺼번에 분출되며 많은 양의 도파민이 분비되고, 더 심한 중독에 빠지게 된다. 이렇게 되지 않으려면 일시적으로 사용을 제한하는 것이 아니라, 일정 기간 완전히 차단하여 의존에 따른 도파민의 분비를 줄여야 한다. 이처럼 일정 기간 행동을 차단하여 인위적으로 자극을 줄임으로써 도파민의 의존성을 줄여가는 것이 도파민 디톡스이다.

습관은 한번 형성되면 보상이 없어도 일정 기간 지속하는 경향을 보인다. 자녀가 아무리 참아 보려 노력해도 습관은 금방 다시 살아난다. 인간은 가장 나약한 순간에 습관대로 행동하려 한다. 한번 형성된 습관을 바꾸는 것은 여간 힘든 일이 아니다. 따라서 자녀의 공부 습관을 만들려면 잘못된 습관부터 조기에 차단해야 한다.

도파민: 성공과 실패의 그 이중성

도파민(Dopamine)과 습관의 관계는 좀 더 깊이 알아볼 필요가 있다. 도파민은 누구나 한 번쯤 들어본 이름일 것이다. 앞서 살펴본 바와 같이, 습관회로에서 행동의 보상을 받으면 뇌에서는 도파민이 분비된다. 도파민은 습관을 형성하는 보상체계와 매우 밀접하게 관련되어 있다.

뇌에서 도파민이 분비되면 성취감, 보상감, 쾌락과 같은 감정이 생기고, 인체를 흥분시켜 흥미를 유발한다. 사랑에 빠졌을 때나 도박, 마약과 같은 중독 현상도 모두 뇌의 도파민 분비와 관련이 있다.

인간이 어떠한 행동을 자발적으로 반복하는 이유를 따지다 보면 그 근본에는 '즐거움'이 자리 잡고 있다. 맛있는 음식을 먹거나 재미있는 영화를 보는 행동들은 즐거움을 얻기 위한 행동이다. 일이나 공부처럼 사람들이 일반적으로 즐겁지 않다고 생각하는 행동들도 결과에 보상이 따른다면 즐거움을 느낄 수 있다. 도파민은 이와 같은 즐거움을 느끼도록 뇌 신경 세포에 흥분을 전달하는 신경전달물질이다. 흥분성 전달물질로 사람의 기분을 좋게 만들기 때문에 '행복 호르몬'으로도 불린다.

도파민은 행동의 결과에서 보상을 얻었을 때만 분비되는 것은 아니다. 보상이 예측될 때도 분비되어 무언가를 결심하거나 의욕을 느끼게 해 주기도 한다. 도파민이 없었다면 인간이 느끼는 성취감은 세상에 존재하지 않을 감정이다.

도파민이 분비되는 프로세스를 좀 더 자세히 살펴보자. 우리가 새로운 행동을 하게 되면 복측피개 영역(VTA · Ventral Tegmental Area)은 즉시 도파민을 만들어낸다. 이때 어떤 행동을 하는지와 개인별 차이에 따라 도파민이 생성되는 양이 다르다. 만약 매우 맛있는 음식을 먹거나, 자극적인 행동을 하게 되면 많은 양의 도파민이 생성된다. 이렇게 생성된 도파민은 뇌의 4개 영역으로 전달된다.

먼저 쾌락의 핵심인 측좌핵(NAc · Nucleus Accumbens)에 전달된다. 측좌핵은 습관회로에서 인터페이스 역할을 한다. 도파민을 받거나, 받을 것으로 기대하는 상황일 때 이 부위가 활성화되어 즐거움을 느낀다. 활성화된 측좌핵은 다시 복측피개 영역에 더 많은 도파민을 요구한다. 뇌에서 이런 과정이 반복되면 행동에 대한 보상(쾌락)을 느끼고, 또다시 그 행동을 하기 위한 습관의 동기가 만들어진다.

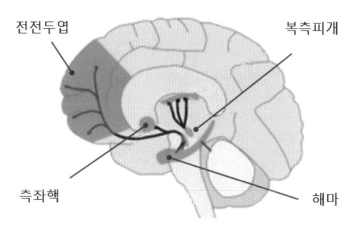

[그림1-5] 뇌의 도파민 생성

복측피개 영역이 만든 도파민은 기억을 담당하는 해마(hippo-campus)와 감정을 관장하는 편도체(amygdala)로도 향한다. 이를 통해, 도파민을 분비시킨 행동을 감정적으로 느끼고 기억하게 만든다.

행동을 결정하고 계획하는 데 관여하는 전전두엽(Prefrontal cortex)에도 도파민이 도달한다. 전전두엽은 보상의 가치를 판단하고, 앞으로 그 행동을 계속할 것인지 판단한다. 뇌에서 이런 보상 회로가 반복될 경우 결국 습관이 형성되고, 쾌락이 과도할 때는 중독으로 나타난다.

즐거움을 주는 행동을 계속할지, 아니면 그만둘지 고민하는 과정을 뇌과학적으로 해석하면, 어떤 행동을 통해 쾌락이라는 보상을 계속 받을 건지, 아니면 다른 가치를 위해 쾌락을 억누를지 판단하는 과정이다. 이 과정에서 핵심적인 역할을 하는 영역은 전전두엽이다. 전전두엽은 뇌의 여러 부위에서 정보를 얻어 그 행동이 자신에게 이로울지, 아니면 해로울지를 판단한다. 자녀들이 공부보다는 게임이나 스마트폰과 같은 자극적인 것에 쉽게 빠지는 이유는 전전두엽의 역할이 크다.

성인과 달리 청소년기에는 전전두엽이 완전히 발달하지 않은 시기이다. 전전두엽은 뇌에서도 가장 늦게 발달하는 영역으로, 평균 만 16세까지 계속 발달한다고 알려져 있다. 따라서 청소년기의 자녀들은 자신이 하는 행동을 제대로 판단하기 어려운 미성숙한 시기이다. 도파민이 주는 쾌락에 쉽게 넘어가게 되고, 자신을 스스로 통제하지 못하여 중독에 빠지기도 쉽다. 이 때문에 청소년기에는 올바른 생활의 규칙을 정하고, 이를 적절히 관리하는 것이 필요하다.

엄마와 자녀가 행동의 규칙을 정한다면, 그 규칙은 일관되게 지켜

져야 한다. 한두 번은 괜찮겠지라는 생각은 버려야 한다. 예를 들어, 스마트폰 사용시간을 정해두었다면 그 시간 외에는 절대 사용하지 않도록 해야 한다. 엄마의 기분에 따라 예외를 두거나 반응이 들쭉날 쭉하다면, 자녀는 규칙을 신뢰하지 못하고 습관형성이 어려워진다.

완전한 습관이 형성된 경우에는 한두 번의 예외가 큰 영향을 미치지 않는다. 그러나 습관을 만들어가는 과정에 있다면, 한두 번의 예외로 인해 그동안의 노력이 한 번에 무너져 버릴 수 있다.

습관이 형성되고 소멸하는 과정을 이해하려면 '신경가소성 (Neuroplasticity)'의 이해도 필요하다. 우리가 어떤 행동을 하는지에 따라 뇌에서 도파민이 전달되는 경로가 다르다. 예를 들어 게임을 할 때 도파민이 오가는 길과 운동할 때 도파민이 오가는 길이 다르다. 게임을 하다가 한동안 중단하면 게임을 할 때 만들어진 도파민 경로 가 차츰 사라진다. 게임이 주는 쾌락의 경로가 사라지는 것이다. 이를 '신경가소성'이라고 한다. 신경가소성은 뇌가 새로운 자극이나 경험에 따라 구조와 기능이 변화하는 것을 말한다.

습관적인 행동을 멈추면 해당 도파민 경로가 사라지는 것처럼, 새로운 행동을 시작하면 새로운 도파민 경로로 습관이 만들어진다. 새로운 습관을 만들려면 처음에는 억지로라도 새로운 행동을 지속하여 새로운 쾌락의 경로를 만들어야 한다. 그러면 새로 형성된 쾌락의 경로가 이전에 있던 쾌락을 대체할 수 있다.

공부습관을 만들려면 일정 기간 공부를 지속하여 새로운 도파민 경로를 만들어야 한다. 물론 공부는 보상이 늦기 때문에 도파민 경로를 만들기까지 오래 걸린다. 하지만 이러한 지루한 시간을 이겨내야만 공부습관을 만들 수 있다.

도파민은 좋은 습관이나 나쁜 습관 모두에 관여하는 이중성을 지니고 있다. 인간의 뇌는 도파민이 지나치게 많거나 줄어들지 않도록 일정 수준을 유지하려 한다. 도파민이 지나치게 많게 되면 그에 비례하여 뇌에서 도파민의 수용체가 줄어들게 된다. 이 과정이 오래 지속되면 도파민 수용체의 감소로 일상생활에서 행복감이 줄어든다. 이로 인해 도파민 분비를 더욱 갈망하고, 그러지 못하면 우울과 불안증세가 나타난다. 이를 중독이라 하고 아이들의 게임중독도 이러한 과정을 거쳐 생긴다.

청소년기에는 전전두엽이 완전히 발달하지 않아 자극적인 쾌락에 빠지기 쉽다. 이때 잘못된 쾌락의 경로가 형성되고, 성인이 되어 전전두엽이 완성되면 없애는 과정이 더 힘들다. 따라서 어린 시기에 좋은 습관을 만들려고 노력해야 한다.

뇌과학에서는 새로운 도파민 경로의 생성이, 기존 경로의 소멸보다 더 어렵다고 추정하고 있다. 따라서 공부습관을 만들고, 좋은 습관을 몸에 새기려면 노력이 필요하다.

공부습관도 마지노선이 있다

인간 행동의 43%가 습관적인 행동이다. 따라서 좋은 습관을 많이 가지고 있다는 것은 매우 좋은 일이다. 우리 속담에 "세 살 버릇이 여든까지 간다."라는 말이 있다. 이는 어릴 때 몸에 밴 버릇은 늙어서까지 고치기 힘들다는 뜻으로, 나쁜 습관이 들지 않도록 조심해야 한다는 말이다.

버몬튼 대학의 마크부턴(Mark Button) 교수의 연구에 따르면, 한번 형성된 습관은 영원한 습관이 된다고 한다. 사라진 줄 알았던 습관도 특정 상황이 만들어지면 더욱 강력하게 돌아온다. 마크부턴 교수는 한번 형성된 습관은 뇌에서 완전히 사라지는 것이 아니라 능동적으로 과거의 행동을 억제할 뿐이라고 말한다. 즉, 특정 상황이 만들어지면 원래의 습관이 돌아오게 된다는 얘기다.

이러한 사례는 우리 주위에서도 흔히 볼 수 있다. 금연에 성공한 사람들이 담배는 끊는 것이 아니라 평생 참는 것이라고 말하는 것도 이와 비슷하다. 흡연습관이 완전히 사라진 것이 아니라 능동적으로 억제하고 있다는 것이다. 그래서 좋은 습관을 만드는 것도 중요하지만 애초에 나쁜 습관을 차단하는 것이 더 중요하다.

청소년기에는 뇌의 신경 시스템이 성장하는 시기이다. 그래서 이때 만들어진 습관은 평생 남을 가능성이 매우 크다. 그러므로 '세 살 버릇이 여든까지 간다.'라는 속담은 과학적으로도 입증된 사실이다.

혹시 자녀가 잘못된 습관을 지니고 있다면, 한번 습관이 영원히 남을 수 있다는 사실에 당황스러울지 모르겠다. 하지만 금연에 성공하는 사람들이 있는 것처럼, 습관을 교정하고 재설정하여 잘못된 습관을 바로 잡는 것이 가능하다. 다만 습관을 교정하는 과정이 어려우므로 처음부터 좋은 습관을 갖도록 노력해야 한다.

청소년기는 몸만 성장하는 것이 아니라 뇌 신경도 같이 성장한다. 이 과정에는 내외부적 환경 요소들이 모두 관여한다. 부모와 가정 내 환경, 그리고 어떠한 교육을 어떻게 받느냐에 따라 많은 것이 달라지는 시기다.

뇌의 발달 과정을 보면 초 · 중등학교 시기인 만 7세부터 15세 사이에 측두엽과 두정엽의 발달이 가장 활발하다. 두정엽이 발달하여 새로운 학습이 활발해지고, 언어를 담당하는 측두엽의 발달로 글쓰기와 외국어 학습이 쉬워진다. 인생을 살아가는데 필요한 많은 기능을 학습하기에 매우 중요한 시기가 이때이다.

만 9세부터 12세 사이에는 뇌의 전문화가 완전히 이루어진다. 이 무렵에는 전두엽 뇌량의 발달이 가장 왕성하게 일어나는데, 전두엽은 동기부여, 실행 의지, 판단 등을 담당하여 습관형성의 가장 중요한 부위다. 또한, 전두엽과 두정엽이 관여하여 집중력과 주의력을 형성한다. 이 시기에 주의력과 집중력을 기르지 못하면 '주의산만'이라는 꼬리표를 달 가능성이 크다.

청소년기에 나타나는 뇌의 변화 가운데에는 '수초화(Myelination)'의 과정도 있다. 수초화란 뉴런의 축삭돌기(Axon)를 슈반세포(Schwann cell)의 세포막이 감싸면서 결과적으로 신경전달을 신속하게 해주는 변화다.

청소년기에 수초화가 충분히 이루어지면 뇌의 기능이 향상된다. 특히, 공부에 필요한 기억력, 학습능력, 추론능력, 창의력 등이 크게 향상된다. 학습을 통해 새로운 정보를 습득하고, 이를 반복하게 되면 뇌의 신경 세포 사이의 연결이 강화되어 수초(Myelin)가 두껍게 형성된다.

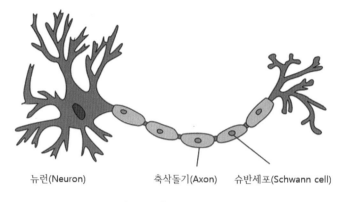

뉴런(Neuron)　　　　축삭돌기(Axon)　　슈반세포(Schwann cell)

[그림1-6] 수초화 과정

　2019년 스위스 취리히대학교 연구진은 학습량과 수초의 두께에 관한 연구 결과를 발표하였다. 연구진은 먼저 학생 100명을 선정하여 평소 학습량이 많은 그룹과 평소 학습량이 적은 그룹으로 나누었다. 그리고 MRI(자기공명영상)을 사용하여 학생들의 수초 두께를 측정하였다.

　그 결과, 학습량이 많은 그룹의 학생들이 수초가 더 두껍게 형성되어 있었다. 특히, 기억과 학습에 중요한 역할을 하는 해마와 전두엽에서 수초의 두께가 두드러졌다. 연구진은 학습량이 뇌의 수초화 과정을 촉진한다는 사실이 확인된 결과라고 설명하였다.

　수초화가 이루어진다는 것은 마치 공부 머리에 초고속 인터넷이

깔리는 것과 같다. 수초화는 청소년기에 가장 활발하게 일어나며, 이 시기에 수초화를 많이 이루지 못하면 성인이 되어서도 학습에 어려움을 겪을 수 있다.

뇌는 기본적으로 억압 기제이고, 뇌가 발달한다는 것은 억제하는 능력이 점점 좋아지는 것을 의미한다. 앞에 있는 사람이 커피를 마시면 성인의 뇌는 이를 보고 머릿속에서 이미 그 행동을 따라 한다. 하지만 운동으로 출력되지는 않도록 억압 기제가 작동한다.

이 덕분에 커피 잔이 없는 빈손을 들어 올리는 민망한 행동을 하지 않을 수 있다. 유아기에는 무작정 따라 하기를 통해 학습하고, 이후 청소년기를 거치면서 억압 기제를 통해 차츰 조절하며 성인으로 성장해간다.

청소년기는 성인이 되기 전 마지막 단계로 판단, 예측, 계획 같은 통합적인 조절 기능을 하는 전전두엽의 발달이 가장 절실한 시기다. 이처럼 청소년의 뇌는 어른의 뇌로 성장하기 위해 몇 가지 급진적인 변화를 거친다. 이러한 변화를 통해 얻는 것은 어른스러워지는 것이고, 잃는 것은 어릴 때만큼 새로운 뇌 경로를 쉽게 만들기 어렵다. 어릴 때 운동을 배우면 쉽게 익힐 수 있으나, 청소년기 이후에는 정교한 동작이 필요한 운동을 익히려면 훨씬 더 인내심이 필요한 이유가

이 때문이다. 이 시기에 제대로 된 공부습관을 익히면 더 수월하게 갈 수 있으나 그렇지 않으면 습관을 바꾸기 어려운 이유이기도 하다.

청소년기에는 부모와 가정 내 환경에 많은 영향을 받는다. 자아를 형성해 가는 시기이기 때문에 주변 상황에 쉽게 흔들리고 스스로 올바른 습관을 만들어가는 것에는 한계가 있을 수밖에 없다. 따라서 부모가 자녀의 올바른 공부습관 형성을 위해 어느 정도 역할을 담당해야 한다.

모든 일에는 적절한 때가 있다. 자녀의 올바른 습관형성을 위해서는 초등학교 때부터 늦어도 중학교 때까지가 가장 중요한 시기다. 뇌의 신경발달 과정을 보면 많은 부분이 만15세 이전에 이미 완성된다. 그래서 고등학생만 되어도 자신만의 기준이 명확해지고 부모의 말이 잘 받아들여지지 않는다.

초등학교 때부터 늦어도 중학교 때까지 올바른 생활습관과 공부습관을 만들어야 한다. 그렇지 않으면 세 살 공부습관이 여든까지 간다.

변화의 기술: 공부습관시스템

　지금까지 공부를 습관으로 만들어야 하는 이유와 습관의 원리를 이해하는 시간을 가졌다. 이제부터는 이 책이 목표로 하는 공부습관 만들기에 관해 본격적으로 알아보자.

　우리는 앞서 습관의 원리를 이해하는 과정에서 특정한 행동을 반복하고 지속하면 습관이 만들어진다는 것을 알게 되었다. 공부습관도 지식을 쌓아가는 과정에서, 이를 반복하고 지속하게 되면 습관회로가 만들어져 자리 잡게 된다. 다만 이를 어떻게 구현할지가 공부습관 만들기의 관건이다.

　앞서 설명한 바와 같이, 만들기 쉬운 습관과 만들기 어려운 습관은 보상의 빠르기와 관련 있다. 공부처럼 늦게 보상이 오는 행동은 습관으로 만들기 어렵다. 그렇다면, 이를 극복하기 위해서는 어떻게 해야 할까? 저자는 수년간 공부습관캠프를 운영하면서, 시스템적 접근 방법이 공부습관을 만드는 데 효과적이라는 결론을 얻었다.

　과수원을 만들려는 농부가 있다. 그는 자신이 가진 오래된 땅을 가꾸어 풍성한 과일을 수확하기 위해 과수원으로 만들 생각이다. 사실 그는 과수원을 조성하려고 마음먹은 것은 이번이 처음이 아니다. 그동안 여러 차례 시도했지만, 생각보다 힘들어서 포기한 것이 벌써 여러 번이다.

　농부는 이번만은 제대로 해야겠다고 굳은 마음을 먹는다. 그의 땅은 너무 척박해서 자갈 제거부터 해야 한다. 이렇게 며칠 동안 자갈 제거만 하다 보니 몸도 마음도 지쳐간다. 결국, 그는 이번에도 포기하고 만다.

　과수원을 잘만 조성하면 농부는 많은 수입을 거둘 수 있다. 과수원 만들기를 중도에 포기하였지만, 과수원을 가꾸어 풍성한 과일을 수확하고 싶은 그의 마음만은 간절하다.

　농부는 과수원을 조성하면 많은 수입이 예상된다는 동기가 있었다. 그렇다면 먼저 해야 할 일은 목표를 세우고 이에 대한 계획과 설계부터 해야 했다. 어떤 과수원을 만들지를 목표로, 어떤 나무를 몇 그루 심어서 어떻게 가꾸어 나갈지 계획하고 설계해야 했다.

물론 시작하지 않는 것보다야 낫겠지만, 목표도, 계획도, 설계도 없이 무작정 시작하게 되면 좋은 결과를 얻을 수 없다.

여기서 과수원은 '공부습관'을 비유한 것이다. 과거 공부가 제일 쉬웠다고 한 서울대 합격생도 있다지만, 사실 대다수 사람에게 꾸준히 공부한다는 건 어려운 일이다. 그래서 마음처럼 되지 않는 것이 공부 습관이다.

우리는 하고 싶은 것만 하고 살 수 없다. 살다 보면 하고 싶지 않지만 필요하거나 꼭 해야만 하는 것들이 있다. 하지만 그게 생각처럼 되지 않을 때가 많다. 우리가 습관으로 만들려는 것들이 대부분 어려운 것들이다. 쉽게 할 수 있는 것이라면 굳이 습관으로 만들 필요가 없기 때문이다.

공부도 그중 하나다. 특히 여러 차례 실패를 경험한 경우엔 더욱 그러하다. 이럴 땐 무엇이 문제인지를 먼저 살펴보고, 성공사례도 참고할 필요가 있다. 이를 통해 나만의 방법을 찾아야 성공의 가능성이 커진다.

물론 목표를 정하고 계획적으로 시작하더라도 처음엔 힘이 들고 시행착오를 겪을 수도 있다. 하지만 계획적으로 접근할수록 실현 가능성이 커지는 것은 분명하다. 설계된 계획대로 과정을 거쳐 하나둘 실천하다 보면 힘이 덜 들게 되고, 곧 익숙함을 경험하게 된다. 어느 덧 공부습관이라는 과수원이 완성되고, 자라난 나무로부터 성적 향상이라는 결실을 얻게 된다. 한번 잘 가꿔진 나무들은 처음처럼 힘들 이지 않아도 점점 크게 자라 더 많은 과일을 얻게 된다.

공부습관 만들기를 시스템으로 접근해야 하는 이유가 여기에 있다. 공부를 시작하는 것도 중요하지만 목표와 계획이 있어야 실천의 가능성이 커지고 좋은 결과를 얻을 수 있다. 이 과정들을 거쳐 공부가 습관으로 만들어지면, 크게 힘들이지 않고도 공부를 지속하는 힘을 얻게 된다. 그렇게 되면 자연스레 성적은 오를 수밖에 없다.

공부습관을 만드는 데 있어 정답이 있는 것은 아니다. 나무들도 저마다의 자라는 방식이 다르듯, 사람마다 각자의 환경이나 성향, 능력이 모두 다르기 때문이다. 그렇지만 습관 이론과 원리에 기반하여 시스템으로 접근하면 좀 더 수월하게 할 수 있다. 습관의 이론을 바탕으로 행동패턴의 틀을 만들어, 체계적으로 공부습관을 만드는 과정이 바로 '공부습관시스템'이다. 이는 저자가 수년간 공부습관캠프 진행하며 경험으로 만들어 낸 결과물이자 공부습관캠프의 근본 프로그램이기도 하다.

공부습관시스템의 프로세스는 사실 그리 복잡하지는 않다. 다만 이를 어떻게 채울지는 시스템의 이해와 각자의 판단과 경험, 그리고 역량에 달려 있다. 습관은 행동하고 이를 반복하고 지속함으로써 만들어진다.

따라서 공부습관을 만들기 위해서는,

행동하도록 만들어야 하고
반복하고 지속하도록 만들어야 한다.

결국, 공부습관을 만들려면 이 두 가지가 필요하다.

공부습관시스템은 크게 '동기부여', '목표설정', '습관테마', '습관설계', '습관완성'이라는 다섯 단계로 구성되어 있다. 그중 '동기부여'와 '목표설정'은 행동 파트에 해당하고, '습관테마', '습관설계', '습관완성'이 반복과 지속 파트에 해당한다.

다음 장부터 이를 단계별로 자세히 다룰 것이기 때문에 여기서는 먼저 공부습관시스템의 전체적인 프로세스를 이해해보자.

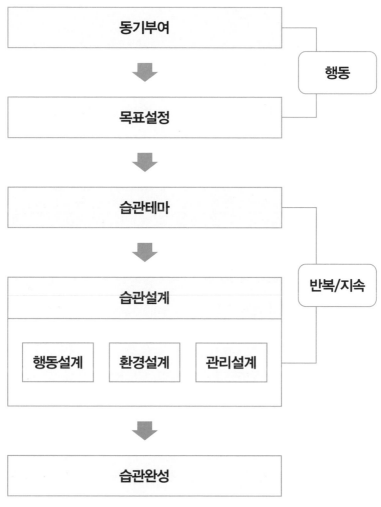

[그림1-7] 공부습관시스템

공부습관시스템: 행동하게 만든다.

공부습관시스템에서 동기부여와 목표설정 단계가 이에 해당한다. 무의식적인 행동을 제외하면 인간의 모든 행동은 동기 또는 습관에서 비롯된다. 그래서 공부습관 만들기의 출발은 동기부여에서 시작한다.

동기에 기반한 행동은 이를 계속 유지하는 것이 불가능에 가깝다. 동기는 매우 불안정하여 갑자기 생겨나고, 갑자기 사라져버린다. 따라서 동기의 이러한 불안전성을 보완하려면, 부여된 동기를 목표로 전환해야 한다. 목표가 수립되면, 이를 달성하려는 시도가 따르게 되고, 행동의 가능성이 커지기 때문이다.

공부습관시스템: 반복하고 지속하게 만든다.

공부습관시스템의 세 가지 단계인 습관테마, 습관설계, 습관완성이 이에 해당한다. 습관테마는 목표를 이루기 위한 주제를 선택하는 것으로, 공부습관의 큰 테마를 결정하는 과정이다.

예를 들어 학원수강을 테마로 잡을 것인지, 자기주도학습을 테마로 잡을 것인지와 같이 공부습관으로 만들 큰 주제를 정한다. 물론 테마가 하나일 필요는 없다.

공부습관의 테마가 정해졌다면, 이제 습관테마에 맞추어 습관을 설계할 차례다. 이는 습관테마를 구체화하고 행동을 지속하도록 설계하고 계획하는 과정이다. 습관설계는 행동설계, 환경설계, 관리설계로 나눌 수 있다

행동설계는 습관으로 만들 구체적인 행동을 설계하는 과정이다. 예를 들어 '매일 저녁 식사를 마친 후 공부방에서 3시간 동안 그날 배운 것을 복습한다.'와 같이 구체적인 상황과 행동을 설계한다.

환경설계는 행동설계대로 실천할 수 있도록 환경을 조성하는 과정이다, 환경설계는 자연스럽게 유도하거나 차단하는 과정이다.

이렇게 공부습관 만들기의 행동과 환경이 설계되었다면, 이를 지속할 수 있도록 관리해야 한다. 관리설계는 공부를 지속할 수 있도록 관리의 방법을 설계하는 과정이다.

이렇게 공부의 습관설계까지 마쳤다면 마지막은 습관완성 단계이다. 습관완성은 지금까지의 과정들을 실천하여 실제로 공부를 습관으로 만들기 위한 가이드 과정이라 할 수 있다.

공부습관시스템의 체계도를 바탕으로 공부습관시스템의 구성을 간략히 살펴보았다. 간단한 설명만으로는 공부습관시스템을 제대로 이해하기 어렵다. 하지만 본격적인 공부습관시스템을 시작하기 전에

전체적인 구성을 이해하는 것은 중요하므로, 여기서는 대략적인 개념만 알아보았다. 혹시 잘 이해되지 않는다고 해도 실망할 필요는 없다. 다음 장부터 공부습관시스템을 단계별로 자세히 알아본다.

제2장

위대한
변화를 위한
열망의 시작

동기부여

Step 1
도약을 위한
시작의 발판

STUDY HABIT
SYSTEM

동기부여

행동

목표설정

습관테마

반복/지속

습관설계

행동설계 환경설계 관리설계

습관완성

STUDY HABIT
SYSTEM

동기를 유발하는 근원 3가지

멀지 않은 곳에 사는 동생 부부에게는 아들이 하나 있다. 나에겐 귀여운 조카이기도 하다. 조카는 초등학교 5학년까지 좋은 말로 표현하자면 하위권, 흔히 말하는 꼴찌그룹에 속해 있었다. 공부를 못하긴 했지만, 말썽을 피우거나 특별히 문제를 일으키는 아이는 아니었다. 그저 활달한 성격으로 친구들과 어울려 노는 것을 좋아하고 그것에 행복을 느꼈다.

이런 조카가 6학년이 되면서 공부를 시작하더니 차츰 성적이 올라 주위를 놀라게 했다. 조카가 갑자기 공부를 잘하게 되자 가족들과 주변 사람들조차 달라진 비결이 무엇인지 궁금해 하였다. 조카는 어떻게 달라질 수 있었을까? 나는 동생 부부로부터 이유를 듣고 웃지 않을 수 없었다.

조카가 공부를 잘하게 된 과정은 이러했다. 초등학교 6학년 되면서 사춘기가 찾아온 조카는 같은 반에 좋아하는 여학생이 생겼다. 호감을 사기 위해 여러 차례 관심을 보였지만 여학생의 반응은 냉담했다. 그러던 중 그 여학생으로부터 결정적인 한마디를 듣게 되었다. "나는 공부 못하는 애들에게는 관심 없다."라는 말이었다.

이제 막 사춘기에 접어든 조카로서는 난생처음으로 좋아하는 이성에게 공부를 못한다는 이유로 무시를 당했으니 그 마음이 어떠했을지 짐작이 간다. 조카는 마음에 상처를 심하게 받았는지 그 후 며칠동안 말도 없이 우울한 시간을 보냈다. 그러더니 갑자기 큰 결심을 한다. 열심히 공부해서 그 여학생에게 달라진 모습을 보여주겠다는 것이었다.

이때부터 조카는 달라지기 시작했다. 매일 스마트폰만 끼고 살던 녀석이 집에 오면 공부하겠다고 자기 방에서 나오지도 않았다. 동생부부도 처음엔 과연 며칠이나 갈지, 그다지 기대하지 않았다. 하지만 조카는 정말 달라져 있었다. 그렇게 몇 달이 지나자 조카의 성적은 당연히 오르게 되었다. 공부는 투자한 만큼 결과가 나오게 되어 있다. 노력이 결과로 나타났으니 성취감을 느끼게 되었을 거다.

조카는 이제 중학생이 되었지만 지금도 여전히 상위권 성적을 유지하고 있다. 이제는 공부습관이 완전히 자리 잡았기 때문이다. 조카가 처음 공부를 해 보겠다고 마음을 먹게 된 계기는 좋아하던 여학생의 한마디였다. 이것이 공부라는 '행동'을 시작하도록 만든 강한 동기로 작용했다. 이렇게 시작한 공부가 일정 시간이 지나자 성적 상승이란 보상으로 돌아왔고, 이는 공부를 지속하게 만드는 힘으로 작용했다. 그렇게 공부습관이 만들어졌다.

물론 위 사례처럼 한 번의 동기만으로 공부를 지속하는 일은 자주 일어나지 않는다. 동기는 무언가를 새로 시작할 때는 강력한 힘으로 작용하지만, 매우 불안정하여 지속성이 떨어지기 때문이다. 그럼에도 습관 만들기의 시작은 동기부여에서 시작한다.

우리는 앞서 습관의 행동패턴에서 행동이 어떻게 습관으로 만들어지는지 살펴보았다. 습관은 행동의 결과로 보상이 따르면, 이를 반복하고 지속함으로써 만들어진다. 따라서 공부라는 '행동'을 시작해야 습관으로 이어질 수 있다. 그러므로 공부습관시스템의 첫 번째 단계는 동기를 부여하는 것부터다.

동기의 의미부터 살펴보자. 동기의 사전적 정의는 '어떠한 행동을 일으키게 하는 원인이 되는 감정'이다. 이를 쉽게 풀어보면 '어떤 행동을 하고 싶은 욕구'라고 할 수 있다. 여기서 행동은 매우 단편적인 행동일 수도 있고, 공부처럼 넓고 포괄적인 수준의 행동이 될 수도 있다.

그렇다면 동기는 언제 어떻게 형성되는 것일까? 이를 이해하는 과정은 그리 단순하지가 않다. 동기는 오래전부터 많은 학자에 의해 연구되었고, 지금도 연구가 계속되는 분야이다. 이처럼 오랫동안 연구가 계속되는 건, 그만큼 동기의 생성 원리가 단순하지 않기 때문이다. 동기를 정의하는 건 어렵지 않지만, 동기생성의 원리를 규정하는 것은 쉬운 일이 아니다.

지금까지 발표된 대표적인 동기 형성의 이론만 살펴봐도 '[표2-1] 동기이론'과 같이 많은 이론이 존재한다.

근대 심리학 동기이론	매슬로의 욕구 위계 이론, 알더퍼의 EFG 이론, 맥클랜드의 성취 동기 이론, 허즈버그의 2요인 이론, 맥그리거의 XY 이론
현대 심리학 동기이론	브룸의 기대이론, 포터와 로울러의 기대이론, 아담스의 공정성 이론

[표2-1] 동기이론

이처럼 다양한 동기 이론을 여기서 다루는 것은 효율적이지 않고 그리 효과적이지도 않다. 그보다는 동기를 유발하는 근원이 무엇인지 살펴보고, 동기부여의 방향을 이해하는 것이 더 나은 선택이다.

인간에게 동기를 유발하는 근원은 무엇인가? 사람들이 추구하는 사랑이나 명예, 재물, 행복 등 여러 요인을 들 수 있겠지만, 이러한 것들을 포괄하는 것은 '생존의 유리함을 추구하려는 인간의 본능'이다. 인간에게는 '생존 본능'이라는 근원적 동기가 있다.

인간이 추구하는 것이 무엇이든 그 기저에는 생존이라는 본능을 기반으로 하고 있다. 사랑, 명예, 재물, 행복과 같은 것들이 인간의 생존 본능과 어떻게 연결되는지 쉽게 떠오르지 않을 수 있다.

먼저, 사랑은 DNA를 다음 세대로 전달하기 위한 번식본능의 발현이라고 할 수 있다. 명예는 생존에 유리한 사회적 기회를 더 많이 얻을 수 있게 만든다. 그리고 재물은 의식주를 해결하는 데 필요한 생존 수단이며, 행복은 인간에게 삶의 의미를 찾아주는 중요한 생존 가치다. 이처럼 '생존'은 인간에게 가장 근원이 되는 동기의 요인이다.

인간의 근원적 동기는 세 가지로 나눌 수 있다. 자아, 상황, 손익이다. 이는 생존 본능을 자극하고 동기를 유발하여 인간의 행동을 이끈다.

먼저, '자아'는 인간에게 내재된 본연의 욕구를 뜻한다. 식욕이나 성욕과 같은 일차적인 욕구부터, 건강, 애정, 인정, 존경처럼 인간이 실현하고자 하는 자아의 욕구들이 이에 해당한다.

예를 보게 되면, 배가 고프다는 **식욕**에 의해 요리하려는 동기가 생겼다. 그리고 엄마에게 인정받고 싶은 **인정욕구**에 의해 청소하려는 동기가 생겼다. 이처럼 자아는 인간의 내면에 지닌 욕구이다.

[자아 동기 예]

  – **배가 고파서** 요리하려는 동기가 생겼다.
  – 엄마에게 **인정받고 싶어서** 청소하려는 동기가 생겼다.

두 번째로 '상황'은 인간을 행동하게 만드는 주변의 상태를 뜻한다. 인간은 시간이나 공간의 상태에 따라 달리 행동한다. 이때의 시간과 공간은 물리적인 시공간뿐만 아니라, 심리적 시공간까지를 포함한다.

예를 보게 되면, 집이 지저분하다는 **공간의 상태** 변화에 따라 청소하려는 동기가 생겼다. 그리고 밖이 어두워져 밤이 되었다는 **시간의 상태**에 따라 집에 가려는 동기가 생겼다.

이처럼 상황은 인간 주변의 시공간의 상태이다.

- **집에 지저분해서** 청소하려는 동기가 생겼다.
- **밖이 어두워져서** 집에 가려는 동기가 생겼다.

마지막으로 '손익'은 인간의 행동으로 예상되는 결과를 뜻한다. 인간은 최대한 이익에 접근하려 하고 손해는 회피하려 한다. 이는 당근과 채찍, 상과 벌, 보상과 처벌과도 비슷한 개념이다.

예를 보면, 엄마를 도우면 용돈을 받는다는 **이익**의 기대로 인해 도우려는 동기가 생겼다. 그리고 게임을 하면 엄마에게 야단을 맞는다는 **손해**의 예상으로 인해 게임을 하지 않으려는 동기가 생겼다. 이처럼 손익은 이익과 손해에 대한 반응이다.

[손익 동기 예]

- 엄마를 도우면 **용돈을 준다 해서** 돕고 싶은 동기가 생겼다.
- 게임을 하면 **야단을 맞아서** 게임을 안 하려는 동기가 생겼다.

인간의 행동에 영향을 미치는 근원적 동기를 살펴봤다. 근원적 동기인 자아, 상황, 손익은 뒤에 나올 습관설계와도 연결되는 부분이다. 그래서 제대로 이해할 필요가 있다. 상황은 행동설계에서 다시 한번 자세히 알아본다.

지금까지 동기의 의미와 근원에 대해 살펴보았다. 동기에는 수많은 이론이 존재하고 원리와 접근 방식이 모두 다르다. 그럼에도 한 가지 공통점은 있다. 그건 사람에 관한 관심이다. 자녀에게 동기를 부여하는 가장 좋은 방법은 자녀에게 관심을 기울이는 것이다. 어떤 것을 좋아하고 어디에 반응하는지, 자녀를 제대로 이해한다면 동기 부여의 방법을 찾을 수 있다. 자녀에게 공부의 동기를 부여하는 것은 엄마의 관심에서 시작된다.

엄마들의 동기부여 전략은 틀렸다

　어떤 계기가 생기면 사람들은 새로운 계획을 세운다. 대표적으로 헬스장 등록이 가장 많고, 사람들로 붐비는 시기가 1월이라는 사실만 봐도 그렇다. 그러나 몇 달만 지나도 많은 사람이 더는 헬스장에 나오지 않는다. 새해에 가졌던 마음이 시간이 지남에 따라 점차 희미해졌기 때문이다.

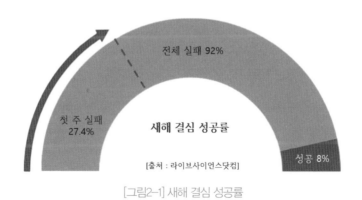

전체 실패 92%

첫 주 실패
27.4%

새해 결심 성공률

[출처 : 라이브사이언스닷컴]

성공 8%

[그림2-1] 새해 결심 성공률

이 책을 읽는 엄마들도 자녀에게서 비슷한 경험을 했을 것이다. 어느 날 자녀가 열심히 공부하겠다고 해서 기대를 품었건만, 얼마간은 열심히 하는 것 같더니 곧 제자리로 돌아가는 경우 말이다. 흔히 말하는 작심삼일이다. 그렇다면 작심삼일 현상은 왜 일어나게 될까? 처음에 먹었던 그 마음을 계속 유지할 수만 있다면 이룰 수 있는 일이 많을 텐데 말이다.

이건 동기가 가진 특성 때문이다. 작심삼일이든 습관이든, 처음엔 어떤 계기로 인해 동기가 유발되어 시작된 행동이다. 앞서 살펴본 바와 같이 동기는 자아, 상황, 손익에 따라 유발된다. 이러한 동기의 근원은 모두 인간의 감정에 바탕을 두고 있다. 인간의 감정은 쉽게 변하는데, 이때 동기도 같이 변덕을 부린다.

간단한 예를 하나 들어보자. 퇴근하고 집에 돌아왔더니 배가 너무 고프다. 그래서 저녁 식사를 준비하려고 마음먹었다. 이때 '저녁 식사 준비를 하겠다.'라는 생각은 '배고픔'이라는 자아에 의해 생겨난 동기다.

저녁 식사 준비를 하려고 주방에 갔더니 마침 아침에 만들어 놓은 샌드위치가 있다. 식사 준비 전에 일단 허기를 달래려고 샌드위치를 먹었다. 갑자기 '배고픔'이라는 감정이 사라져 버린다. 그러자 조금

전까지 있었던 '저녁 식사를 준비하겠다.'라는 동기 역시 사라진다.

이처럼 동기는 감정에 따라 변화가 매우 심하다. 인간이 어떤 감정을 일정 상태로 계속 유지하고 지속한다는 건 불가능에 가깝다. 감정은 내외부적 요인에 따라 아주 쉽게 바뀌기 때문이다. 갑자기 몸이 피곤하거나, 재미있는 일이 생기거나, 또는 생각지 못한 상황이 발생한다. 이럴 때마다 감정은 쉽게 변화를 일으킨다. 감정이 변하면 이로 인해 생겨난 동기도 변하거나 사라져버린다. 결국, 감정을 지속할 수 없으므로 동기도 지속하기 어렵다.

동기의 다른 특성은 서로 협력하거나 충돌한다는 점이다. 아까의 예로 다시 돌아가 보자. 배가 고파서 저녁 식사 준비를 하려고 주방에 갔는데, 마침 좋아하는 음식재료가 있다. 이러면 '배고픔'이라는 감정과 '좋아하는 음식재료'라는 감정이 협력하여 더 강한 동기를 만든다.

반대로 저녁 식사를 준비하려는데 손질하기 까다로운 음식재료만 있다. 식사 준비하는 것이 갑자기 귀찮아진다. 그러면 '배고픔'이라는 감정과 '귀찮음'이라는 감정이 서로 충돌하게 된다. 이때 배고픔이라는 감정이 더 강하게 작용하면 약한 동기일지라도 식사 준비를 하게 된다. 그러나 귀찮음이라는 감정이 더 강하게 작용하면 식사 준비를 포기하고, 배달 음식을 주문할 수도 있다. 이처럼 처음의 계획과는 다른 행동을 하게 된다.

동기는 빠른 결과를 내는 일에는 꽤 효과적이다. 하지만 장기적인 과제를 수행할 때 이처럼 변화가 심한 동기만으로는 한계가 있을 수밖에 없다. 자녀의 변화를 위해 동기부여나 의지력에만 초점을 맞추다 보면 공부와 같은 장기 과제에서 좋은 결과를 만들어내기가 어렵다. 공부에서 성과를 내기 바란다면 동기가 아닌 습관으로 접근해야 한다.

심리학자 제레미 딘(Jeremy Dean)은 "습관에 따라 하는 행동은 감정이 연루되지 않는다."라고 말한다. 인간 행동 연구 전문가 웬디 우드 교수 역시 많은 실험을 통해 습관은 감정에 의해 영향을 받지 않는다는 연구 결과를 얻어냈다.

서던캘리포니아대학교 웬디 우드(Wendy Wood) 심리학과 교수는 「습관이 감정에 미치는 영향」에 관한 연구를 진행하였는데 습관적인 행동을 할 때 사람들은 별다른 감정을 느끼지 않았다고 한다. 그에 따르면 습관 행동은 감정에 무디고 거부감이 적고 자동화되어 있다. 이처럼 감정의 영향을 받지 않는 것이 습관이 주는 장점이다.

시중에 나와 있는 교육 관련 서적들은 '하면 된다.'라며 동기부여와 의지력을 강조한다. 자녀의 변화를 꾀할 때 부모들이 흔히 활용하는 전략도 동기부여다. 자신의 경험이나 성공사례를 이야기하거나 엄친아 이야기로 자극을 주기도 한다. 때론 물질적 보상을 약속하여 동기를 유발하기도 한다. 물론 동기부여로 인해 단기적인 성과를 내기도 한다. 하지만 동기를 확실히 제어할 수 없다면 장기적인 결과를 만들어내는 건 불가능하다.

동기부여가 시작할 때 행동하게 만드는 힘의 역할을 하는 것은 맞다. 하지만 지속적인 행동으로 결과를 만들려면 동기만으로는 부족하다. 공부는 오랫동안 꾸준히 해야만 성과를 얻을 수 있다. 따라서 자녀의 공부를 유도하기 위한 엄마들의 동기부여 전략은 틀렸다. 공부는 동기에 의존하기보다 습관으로 만들어야 한다.

　동기의 근원을 알아보면서 동기에는 많은 이론이 존재한다고 설명
한 바 있다. 많은 동기 이론 중에서 '정체성 동기이론'과 '모델링을 통
한 관찰학습 동기이론'은 별도로 살펴볼 필요가 있다. 이는 자녀가
동기를 형성하는 데 있어서 부모의 역할과 밀접한 관련이 있는 이론
이기 때문이다.

　먼저 정체성 동기이론에 대해 알아보자. 미국의 교육학자인 로젠
탈(Rosenthal)과 제이콥슨(Jacobson)은 교육학자와 사람들에게 비
상한 관심을 불러온 연구 결과를 발표한 적이 있다. 두 사람은 샌프
란시스코에 있는 한 초등학교의 학생 650명을 대상으로 흥미로운 실
험을 진행하였다.

　이들은 먼저 전교생을 대상으로 지능검사를 시행하였다. 학생들에
게는 지능검사를 하는 이유에 대해 영재 학생을 발굴하기 위한 목적

이라고 설명하였다. 하지만 이는 실험을 위해 계획된 거짓말이었다. 지능검사가 끝난 뒤 두 사람은 각반에서 20%의 학생들을 무작위로 뽑아냈다. 그러고는 이번 지능검사에서 영재로 판명된 학생들이라고 이들의 명단을 교사들에게 전달하였다. 사실 지능검사의 결과와 명단에 오른 학생들 사이에는 아무런 상관관계가 없었다. 영재 명단이 무작위로 선정되었다는 사실은 학생들뿐 아니라 교사들에게도 알리지 않았다.

연구자들은 8개월이 지난 후에 학생들을 대상으로 다시 지능검사를 시행하였다. 결과는 놀라웠다. 일반 학생들보다 앞서 선정된 20%의 학생들, 즉 실험 집단의 점수가 매우 높게 향상되었다.

이 실험에서 알 수 있는 것은 자신에 대한 믿음이 동기를 유발한다는 점이다. 자신에 대한 믿음이 생기면, 그에 따라 행동하려는 동기가 생겨난다. 선정된 아이들은 자신을 영재라고 믿음으로써, 이에 맞추려는 동기가 생긴다. 동기가 행동으로 이어져 점수 상승이란 결과로 나타났다.

자신에 대한 믿음은 정체성에서 비롯된다. 엄마가 자녀에게 긍정적인 정체성을 심어주면, 자녀는 자신의 능력을 믿게 되어 긍정적 동기를 갖게 된다.

간혹 엄마들이 "우리 애는 누굴 닮아서 이런지 몰라?"와 같은 말을 할 때가 있다. 이런 말은 자녀의 부정적인 부분을 지적할 때 주로 쓰인다. 단지 푸념으로 하는 말일지라도 자녀가 이런 말을 자주 듣게 되면 좋지 않은 영향을 미친다. 자녀 스스로 자신이 문제 있다는 정체성이 생길 수 있기 때문이다.

긍정적인 정체성은 강하면 강할수록 좋다. 정체성이 강할수록 강한 동기를 유발하여 행동을 주도하기 때문이다. 반면에 정체성이 약하면 다른 동기에 의해 쉽게 흔들린다.

모범생이라는 정체성을 가진 아이가 있다고 생각해 보자. 어느 날 친구들과 놀다가 학원에 갈 시간이 얼마 남지 않았다. 그런데 한 친구가 오늘 하루만 학원에 빠지자고 제안해 온다. 모범생의 정체성을 가진 아이가 학원을 빠진다는 것은 자신의 정체성과 어울리지 않는 행동이다. 이때 아이는 모범생이라는 정체성과 친구의 제안 사이에서 갈등하게 된다.

친구의 제안을 뿌리치고 학원에 간다면 자신의 정체성을 지키는 것이다. 그러나 친구의 제안을 거절하지 못하고 학원을 빠지게 되면 정체성을 지키지 못하는 것이다. 모범생이라는 정체성이 강하다면 친구의 제안을 뿌리칠 것이다. 그렇지 않다면 모범생이라는 정체성을 버리고 친구의 제안을 받아들이게 된다. 정체성이 약하면 유혹에 쉽게 흔들린다.

정체성	동기
확고한 정체성	방향이 명확하고 강한 동기
불확실한 정체성	방향이 모호하고 약한 동기

[표2-2] 정체성과 동기

이를 심리학에서는 인지부조화라고 한다. 인지부조화란 자신의 태도와 행동이 모순될 때 어느 한쪽을 변화시켜 일치시키려는 이론이다.

아이가 가진 모범생이라는 정체성과 학원을 빠지는 행동 사이에는 인지부조화가 발생한다. 이를 일치시키려면 모범생이라는 정체성을 버리거나, 학원에 가거나 둘 중 하나를 선택해야 한다. 정체성이 강하면 정체성을 지키려 할 것이다. 이처럼 긍정적이고 강한 정체성을 심어주는 것은 자녀의 올바른 동기 형성에 도움이 된다.

많은 교육 전문가는 자녀에게 자주 칭찬하라고 가르친다. 그래서 엄마들은 자녀의 사소한 일에도 칭찬하려고 노력한다. 그러나 칭찬이 오히려 자녀의 발전을 저해할 수 있다. 스탠퍼드 대학의 신경생물학자 허버먼(Haberman) 교수는 칭찬은 '지능 기반'이 아닌 '노력 기반'으로 이뤄져야 한다고 말한다.

자녀에게 이런 칭찬을 하는 엄마들이 있다. "너는 머리가 좋아서 조금만 노력하면 공부 잘할 수 있어." 엄마들이 이런 칭찬을 하는 이유는 자녀에게 믿음을 주고 자존감을 살려주려는 것이다. 하지만 이처럼 특정한 면에 '재능이 있다.'라거나 '지능적이다.'라는 말은 오히려 자녀의 노력이나 잠재력을 제한할 수 있다.

엄마의 섣부른 칭찬이 자신의 정체성과 다르게 되면 이는 자녀에게 부담으로 작용하게 된다. 그렇게 되면 혹여 엄마가 기대하는 모습과 다른 자신의 모습을 보여주게 될까 봐 도전을 꺼리게 된다. 그리고 되도록 쉬운 과업을 선택하려 한다. 자녀로서는 열심히 했는데도 불구하고 그렇지 않은 모습으로 엄마를 실망하게 하느니, 그냥 계속 엄마가 생각하는 아이로 남으려 한다.

섣부른 칭찬은 타인이 나에게 가지는 가치판단이지, 스스로 만든 정체성이 아니다. 정체성을 만들어주는 칭찬은 자녀 스스로 느끼도록 만들어야 한다. 따라서 칭찬할 때는 노력한 과정에 대해 칭찬하는 것이 좋다. 그러면 자녀를 좀 더 노력하게 만들고 행동을 개선하는 데에도 효과적이다.

칭찬뿐만 아니라 엄마의 훈육 방식도 자녀의 정체성에 영향을 준다. 엄마들은 자녀를 훈육할 때 문제에 집중할 때가 많다. 자녀가 자신의 문제점을 깨닫고 변화하기를 바라는 마음 때문이다. 물론 자신에게 어떤 문제가 있는지 스스로 제대로 인지하는 것은 필요하다.

하지만 자녀의 변화를 유도하려면 문제에 집중하기보다는 목표에 집중하는 편이 낫다. "너는 이게 문제야.", "누굴 닮아서 이러니?"처럼 문제에만 집중하면, 부족한 부분을 한 번 더 학습하게 된다. 이러면 오히려 긍정적인 변화에 걸림돌이 된다.

특히 청소년기는 행동을 지나치게 제한받거나 지적받으면 자신에 대한 부정적인 정체성이 형성될 수 있다. 그래서 자녀를 훈육할 때는 문제를 지적하기보다는 실패를 인정하게 해 주는 편이 좋다. 실패를 인식하게 되면 원인을 생각하고, 보완책을 찾아보고, 노력으로 이어진다. 이를 통해 실패를 딛고 일어서려는 끈기가 생기고, 자신에 대한 긍정적인 정체성을 갖게 된다. 그리고 이는 긍정적인 동기로 발전한다.

먼저 보여줘야 자녀도 바뀐다

인간은 사회적 동물로서 다른 사람의 행동을 관찰하고 모방하려는 경향이 있다. 심리학에서는 이를 관찰학습이라고 하는데 인간의 행동 형성에 중요한 역할을 한다. 특히 부모의 행동은 자녀의 행동과 가치관 형성에 큰 영향을 미친다. 이는 많은 심리학 연구를 통해 증명되었다.

이를 대표하는 이론이 '모델링을 통한 관찰학습 동기이론'이다.

모델링을 통한 관찰학습 동기이론은 알버트 반두라(Albert Bandura)가 제시한 이론으로, 인간은 직접적인 경험뿐만 아니라 다른 사람의 행동을 관찰함으로써 새로운 행동을 학습한다는 이론이다.

심리학자 에릭 드레이크(Eric Drake)와 그의 동료들은 2010년, 10세에서 17세 사이의 청소년 1,200명을 대상으로 부모의 흡연 행동에 대한 자녀들의 관찰학습 영향을 조사하기 위해 실험을 진행하였다.

이 실험에서 드레이크와 동료들은 먼저 아이들을 두 그룹으로 나누었다. 그리고 한 그룹의 아이들만 부모와 1시간 동안 대화를 나누며, 부모의 흡연 행동을 관찰할 수 있도록 하였다. 이후 아이들의 흡연 욕구와 흡연 시작 가능성에 대한 설문을 진행하였다.

그 결과 부모의 흡연 모습을 관찰한 그룹이 다른 그룹의 청소년들에 비해 높은 흡연 욕구를 보이는 것으로 나타났다. 또한, 부모가 흡연하는 그룹의 청소년들이 향후 1년 이내에 흡연을 시작할 가능성이 그렇지 않은 그룹에 비해 2.3배나 높았다. 이는 부모의 특정한 행동이 관찰학습을 거쳐 자녀에게 영향을 미치게 된다는 사실을 보여준다.

[그림2-2] 관찰학습 4단계

관찰학습은 주의집중(Attention), 파지(Retention), 재생(Reproduction), 동기화(Motivation)의 4단계로 진행된다. 이를 단계별로 살펴보자.

먼저 주의집중(Attention)은 모델이 되는 사람의 행동을 관찰하고 의미를 부여하는 과정이다. 보통 가장 가까운 사람이 모델의 대상이 되는데 부모가 대표적이며, 형제나 친구, 선생님도 모델이 될 수도 있다. 모델 대상의 행동이 관심을 끌고 이해하기 쉽다면, 이에 반응하는 새로운 학습 동기가 생겨나서 더 쉽게 주의집중 하게 된다.

다음은 모델의 행동을 기억하고 유지하는 파지(Retention)의 과정이다. 모델 대상의 행동을 반복하여 관찰하고 기억함으로써, 그 행동을 따라 할 수 있는 능력을 익히게 된다.

이때 관찰한 모델의 행동을 부호화하여 머릿속에 이미 저장된 다른 정보와 연관 지어 기억을 향상시킨다. 우리의 뇌는 새로운 정보를 알고 있는 다른 정보와 연관 지을수록 장기 기억으로 저장한다. 유사한 지식을 많이 알고 있는 사람일수록 쉽게 배우고 기억하는 이유도 이 때문이다.

이제 기억된 대로 실제 상황에서 행동하는데 이는 재생(Reproduction)의 과정이다. 관찰한 모델 대상의 행동을 따라 하려면 머릿속에 기억하는 것만으로는 부족하다. 직접 행동으로 연습을 해 봐야 성공적인 모방이 가능하다. 자신의 행동이 모델 대상의 행동과 일치되기 위해서는 반복적인 연습도 필요하다. 행동을 정확하게 따라 한다면, 관찰학습이 잘 이뤄진 거다.

마지막 과정인 동기화(Motivation)는 관찰한 행동을 따라 한 후 결과에 관한 판단이 이루어지는 과정이다. 행동의 결과에 만족하게 되면, 같은 행동을 반복할 가능성이 크다. 하지만 행동의 결과에 만족하지 않으면 행동을 계속하지 않는다. 이는 보상의 가치를 판단하여 행동의 반복 여부를 결정하는 습관의 행동패턴과 같다.

엄마는 자녀의 첫 번째 교사다. 엄마가 공부하는 모습을 자주 보인다면, 자녀도 공부에 대한 흥미를 느끼고, 공부습관이 형성될 가능성이 크다. 엄마가 매일 저녁 7시부터 9시까지 공부하는 습관을 지니고 있다면, 자녀도 이러한 습관을 따라 하게 된다. 엄마가 공부 과정에서 어려움을 겪더라도 꾸준히 노력하는 모습을 보인다면, 자녀도 이러한 모습을 보고 노력하는 태도를 보이게 된다.

자녀에게 올바른 공부습관이 형성되지 않았다면, 먼저 엄마 자신의 행동부터 돌아볼 필요가 있다. 어릴 때부터 봐온 엄마의 모습이 매일 TV를 보거나 스마트폰을 만지는 모습이라면, 자녀도 관찰학습을 거쳐 같은 행동을 따라 하게 된다. 그리고 이는 습관으로 발전한다.

한번 들인 나쁜 습관은 고치기 어렵다. 따라서 자녀가 좋은 습관을 기를 수 있도록 엄마부터 모범이 되는 좋은 행동을 보여야 한다. 흔히

들 집안의 분위기가 자녀의 행동과 사고방식에 영향을 미친다고들 한다. 이는 관찰학습 동기이론을 통해 타당성을 입증할 수 있는 말이다.

관찰학습에서 주의집중은 행동 자체보다는 행동하는 사람에 대한 호감에 의해 결정된다. 자신이 좋아하고 신뢰를 느끼는 사람일 때 관찰학습 행동의 모델이 될 수 있다. 청소년기 아이들이 연예인에게 관심이 많고, 그들의 패션이나 행동을 따라 하려는 것도 이 때문이다.

엄마가 자녀의 좋은 모델이 되려면, 자녀와 친밀한 관계를 형성하고 신뢰를 쌓아야 한다.

#여행으로 동기를 만든다

"영국에서는 젊은 사람들이 학교를 졸업하면 대학교에 보내지 않고, 곧 그들을 외국에 여행시키는 것이 점점 하나의 관습이 되어가고 있다. 우리의 젊은이들이 여행을 통해 대단히 발전하여 귀국한다." 이는 애덤 스미스의 『국부론』에 나오는 내용으로, 18세기 유럽 귀족 자제들이 떠났던 '그랜드 투어(Grand Tour)'에 관한 이야기다.

여행의 교육 효과는 이미 많은 연구로 입증되었기 때문에 따로 설명이 필요 없다. 여기에선 동기의 관점에서 사례를 바탕으로 설명하려고 한다. 여행이 견문을 넓힘으로써 교육적 효과가 크다는 건 모두가 알고 있는 사실이다. 그러나 여행과 동기부여 사이의 연관성은 쉽게 떠오르지 않는다. 하지만 여행은 자녀에게 새로운 동기를 부여하는 데 매우 효과적이다.

저자의 공부습관캠프에서도 여행을 동기부여 프로그램 중 하나로 활용하고 있다. 청소년기의 아이들은 매일 비슷한 패턴으로 생활한다. 비슷한 시간에 일어나 학교에 가고, 비슷한 시간에 학원을 마치고 집에 돌아온다. 상황의 변화가 거의 일어나지 않는다.

동기이론에서 살펴본 바와 같이 상황의 변화는 다양한 동기를 유발한다. 여행은 다양한 장소에서 직접 체험하고 경험하고 느끼게 한다. 변화된 환경에서 새로운 감정을 느끼며 새로운 동기가 싹튼다. 여행이 갖는 중요한 의미는 직접 보고 듣고 느끼면서 자연스럽게 넓어지는 견문과 소중한 경험이다. 특히 청소년기에는 다양한 경험을 통해 배우며 성장하고, 넓은 세상을 보며 꿈을 키운다.

미국의 정신분석학자 에릭 에릭슨(Erik Erikson)은 청소년기의 최대 발달과업으로 '자아정체성 확립'을 꼽았다. "자신이 누구인가?"라는 질문을 시작하며, 자기 정체성을 찾는 시기라는 것이다. 그래서 청소년기에는 남들과 자신이 다름을 인식하고 나만의 것을 찾으려 한다. 이 과정에서 자신의 특별함을 드러내려 하고, 특별해 보이는 것을 동경한다. 청소년기에 유달리 연예인에 열광하는 것도 이 때문이다. SNS나 각종 미디어가 생활의 일부인 세상에서, 그들 주변에서 눈에 띄는 가장 특별해 보이는 것이 바로 연예인이기 때문이다. 학교, 학원, 집만을 오가는 청소년들의 주변에는 특별할 만한 것들이

별로 없다. 그래서 쉽게 접할 수 있는 연예인이나 또래 문화에 자연스럽게 빠져든다.

자녀들에게 세상에는 특별한 것들이 아주 많다는 것을 보여줘야 한다. 세계적인 예술품, 위대한 발명, 최첨단 IT 기술까지 세상에는 특별한 것들이 너무나 많다. 이러한 것들은 직접 느끼고 체험하고 경험해야 그 특별함을 제대로 알 수 있다. 이를 제대로 느끼고 경험하게 만들어주는 도구가 여행이다. 이는 강력한 동기로 작용하게 된다.

"공부하고 떠나는 여행이 진짜다."

여행을 떠난다는 것은 새로운 것들을 경험한다는 그 자체만으로도 의미가 있다. 하지만 교육적 효과를 높이려면 몇 가지 준비가 필요하다.

먼저 목적을 가지고 스케줄을 기획하는 것이 좋다. 보통 여행을 가게 되면 유명 관광지 위주로 돌거나, 여행사의 패키지대로 움직인다. 이것이 나쁘다는 건 아니다. 하지만 자녀와 함께 여행지를 알아보고 공부하면서 직접 스케줄을 기획해 보는 것이 좋다. 그러다 보면 자연스럽게 공부가 되고 여행에 대한 기대감도 높아진다. 그리고 미처 알지 못했던 곳이나 매력적인 장소를 찾아낼 수도 있다.

'[표2-3] 뉴욕투어'는 공부습관캠프에서 진행했던 스케줄을 주제별로 간단히 정리한 것이다. 뉴욕투어는 캠프에서 비정기적으로 진행하는 해외투어 프로그램 중 하나다. 아래 스케줄은 뉴욕과 관련된 책과 자료를 바탕으로 아이들과 함께 공부하며 기획하였다. 뉴욕 투어는 7박 8일간 이루어졌고 실제 계획대로 진행되었다.

주제	방문지
역사	마틴 루터킹 발자취, 자유의 종, 인디펜던스홀, 한국전쟁참전기념관 등 방문
민주주의	백악관 및 국회의사당 방문
문화	〈나 홀로 집에〉, 〈비긴 어게인〉, 〈스파이더맨〉, 〈나는 전설이다〉 등 영화 촬영지 방문, 뮤지컬 〈오페라의 유령〉 감상
스포츠	메이저리그 경기 관람
랜드마크	엠파이어스테이트 빌딩, 자유의 여신상, 뉴욕야경 감상, 센트럴파크, 윌리엄스 거리, 벼룩시장, 다코다 아파트 방문
비즈니스	초콜릿 공장 견학, IBM 본사 방문
스토리	소방관 집 방문하기, 미국의 평범한 집 방문하여 직업 및 일상 듣기, 브로드웨이 BEAT: 브로드웨이 오디션 담당자 만나기

예술	메트로폴리탄 박물관(고갱, 반 고흐, 모네, 피카소), 뉴욕현대미술관 방문
교육	펜실베니아대학교, 조지타운대학교 방문
기타	필라치즈스테이크, 쉑쉑버거, 로컬식당 등 맛집 방문

[표2-3] 뉴욕투어

여행에서 교육목적을 이루려면 떠나기 전 배경 지식을 충분히 익히는 것이 좋다. 우리가 진행한 뉴욕투어 스케줄을 보면 '자유의 종(Liberty Bell)'을 관람하는 일정이 있다. 자유의 종은 미국의 독립 정신과 자유의 상징으로 매년 이백만 명 이상이 이 종을 보기 위해 방문한다. 이 종에는 놀라운 역사적 사실과 재미있는 이야기가 담겨 있다. 미리 이러한 내용을 알고 방문한다면 좀 더 재미있는 관람이 가능하다. 하지만 아무런 배경 지식이 없다면, 이는 그냥 낡고 오래된 종으로 보일 뿐이다.

캠프에서 뉴욕투어를 떠날 때는 여행 일주일 전부터 배경 지식을 익힌다. 여행 일정의 역사, 문화, 예술 등 분야별로 전문가를 초청하여 배움의 시간도 가진다. 예를 들면, 뮤지컬 〈오페라의 유령〉 공연 관람을 위해 현직 뮤지컬 배우를 초청하여 뮤지컬과 작품에 대해 자세히 알아보는 시간을 가진다. 또 영어 뮤지컬 공연이기 때문에 '오페라의 유령' 영어 대본을 미리 구하여 아이들 모두가 영어 대사를 완벽히 익힌다. 이러한 준비를 거쳐 진행되는 여행이다 보니 아이들의 기대감도 높고 참여율도 높다.

여행을 다녀온 후 새로운 분야에 관심을 두거나, 이전까지는 생각지도 못했던 새로운 꿈을 찾아가는 아이들이 있다. 자녀와 함께 공부하고 떠나는 여행은 동기부여와 더불어 다양한 교육적 효과를 거둘 수 있다. 자녀와 함께 실천해보기를 권한다.

제3장

행동하는
힘을
끌어내라

목표설정

Step 2
도전으로 이끄는
행동의 원동력

STUDY HABIT
SYSTEM

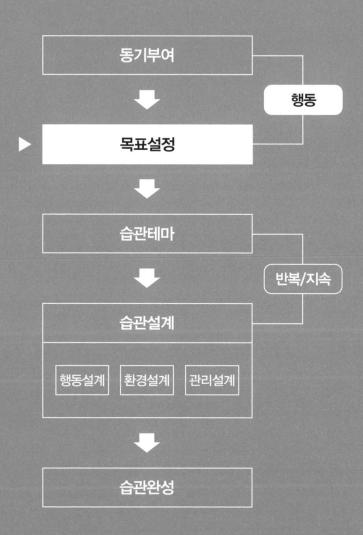

STUDY HABIT
SYSTEM

목표는 논리적 프로세스로 설정해라

미국 워싱턴대학교 엘리자베스 로렌스 교수 연구팀(Elizabeth Lawrence)은 2015년. 100명의 대학생을 대상으로 1년 동안 목표설정 실험을 진행하였다. 연구팀은 실험 대상자들을 목표설정 그룹과 목표 미설정 그룹으로 나누었다. 그리고 목표설정 그룹의 학생들에게만 학업에 대한 구체적인 목표를 설정하도록 하였다.

연구팀은 1년 후 두 그룹 학생들의 학업 성과를 항목별로 비교하였다. 그 결과, 목표설정 그룹 학생들의 A학점 비율이 20% 높았고, 학업 포기 가능성은 30% 낮았으며, 학업 만족도가 20% 높게 나타났다. 이는 목표설정이 학생들의 학업에 미치는 영향을 구체적인 데이터로 입증한 대표적인 연구이다. 또한, 목표를 설정함으로써 학생들의 학업 성취도가 높아진다는 사실을 보여준다.

공부의 목표가 불분명하면 이는 방향을 잃고 표류하는 배와 같다.

목표 없이 막연히 공부하다 보면 어느 순간 방향을 잃고 표류하게 된다. 목표 없는 공부는 지속하기 어렵고, 흥미와 열정이 떨어진다. 반면에 공부 목표가 설정되면 이를 이루기 위해 노력하게 됨으로써, 행동하는 힘을 얻게 된다. 그리고 목표를 이루는 과정에서 스스로 성장하고, 자신감과 성취감, 문제해결 능력이 향상된다.

특히 공부습관을 만드는 과정은 새로운 항로를 개척하는 것과 같다. 새로운 항로를 개척하려면 목적지가 분명해야 한다. 따라서 공부에 대한 동기가 부여됐다면 다음에 할 일은 이를 목표로 전환해야 한다.

목표설정은 공부습관을 형성하는 데 있어서 필수적이다. 하지만 아이들에게 공부의 목표를 물어보면, 제대로 답하지 못하는 경우가 많다. 공부가 일상생활의 중심이지만, 공부의 목표가 뚜렷하지 않은 것이다. 아이들이 자신의 목표를 제대로 설정하지 못하는 이유는 무엇일까? 사실 이에는 그만한 이유가 있다. 먼저 목표달성의 프로세스를 살펴보자.

목표가 생기려면 먼저 동기가 있어야 한다. 동기가 있어야 목표가 설정되고, 설정된 목표의 달성을 위해 노력하게 된다. 그 결과로 목표달성을 이루게 된다. 목표는 이러한 프로세스로 진행되며, 이러한 순서는 절대 바뀌지 않는다. 가령 '행동'의 다음에 '목표설정'이 오거나, '목표설정' 다음에 '동기'가 위치할 순 없다. 물론 목표에 따라 동기가 생겨날 수 있지만, 이는 어떤 동기에 의해 이미 설정된 목표가 있었기 때문이다. 아무런 동기 없이 홀로 목표가 존재할 수는 없다.

[그림3-1] 목표 프로세스

이 프로세스에서 아이들이 공부 목표를 세우지 못하는 이유를 찾을 수 있다. 아이들에게 공부는 자신의 동기에 의해 선택된 것이 아니다. 어느 순간 자신 앞에 꼭 해야 할 과제로 놓여 있다. 이로 인해 아이들 대다수는 공부를 자신에게 주어진 하나의 일로 받아들인다. 아이들로서는 자신이 선택하지 않은 공부라는 일에 목표를 설정하는 것이 논리적이지 않게 된다.

이해를 돕기 위해 하나의 예를 들어보자.

A는 살을 빼고 싶은 동기에 의해 헬스장을 등록하고 운동을 시작

했다. 따라서 A에게는 '살을 빼겠다.'라는 뚜렷한 목표가 있다. 반면에 B는 자신의 의지와는 상관없이 헬스장에 등록되어 강요된 운동을 하고 있다. 따라서 B에게는 목표가 존재할 수 없다. 만일 있다면 이 상황에서 빨리 벗어나는 것이 유일한 목표일 것이다. B에게 운동은 이미 노동이 되어 있을 뿐이다.

이처럼 자신의 동기와 무관하게 행동을 정해놓고 목표를 설정하는 것은 논리적이지 않다. 위의 예는 다소 과장되었다고 생각할 수 있지만 그렇지 않다. 아이들이 공부에 대한 동기가 없을 때 그들의 생각은 위의 예와 크게 다르지 않다.

자녀가 공부의 목표를 설정하려면 본래의 논리적 프로세스대로 접근해야 한다. 그러기 위해서는 먼저 자녀의 가치관을 파악해야 한다. 가치관은 자녀가 스스로 중요하게 여기는 것을 판단하는 기준이 되기 때문이다. 가치관을 반영함으로써 자녀의 동기에 기반을 두고 공부의 목표를 설정할 수 있다.

예를 들어, 자녀의 중요한 가치관이 '행복'이라면, 자녀에게 "행복이란 무엇일까?"라고 질문하여 자녀의 생각을 들어본다. 그리고 자녀가 생각하는 행복을 위해 공부가 필요한 이유와 의미를 이해시킨다. 이러한 과정을 거쳐 자녀 스스로 공부 목표를 설정하도록 유도한다.

만일 자녀가 생각하는 행복이 "내가 좋아하는 일을 하면서 살 수 있는 것"이라고 한다면, "내가 좋아하는 분야의 공부를 열심히 해서, 그 분야에서 전문가가 되기"를 공부의 목표로 설정할 수 있다. 이러면 자녀는 자신의 동기를 바탕으로 목표를 설정하게 되고, 공부하는 이유가 명확해진다.

자녀의 가치관을 파악하기 위해서는 다음과 같은 질문을 해 보는 것이 도움이 된다. "너는 무엇을 중요하게 생각하니?", "너는 어떤 삶을 살고 싶니?", "너는 어떤 사람으로 기억되고 싶니?" 이러한 질문을 통해 자녀의 가치관을 자연스럽게 끌어낼 수 있다.

공부 목표를 설정할 때는 '왜(Way)', '무엇을(What)', '어떻게(How)'라는 세 가지 질문을 통해 목표를 구체화한다. '왜'라는 질문을 통해 공부의 동기를 이해하고, '무엇을'이라는 질문을 통해 공부의 내용을 구체화하며, '어떻게'라는 질문을 통해 목표달성의 방법을 계획한다.

공부에 있어서 목표는 공부습관을 완성하기 위한 원동력이다. 따라서 자녀의 가치관, 관심사 등을 고려하여 동기를 끌어내고, 이를 바탕으로 공부의 목표를 설정하는 것이 중요하다. 목표설정은 행동하는 힘을 만들어내는 공부습관시스템의 매우 중요한 과정이다.

인정을 위한 목표 vs 유능을 위한 목표

엄마들은 가끔 자녀에게 장래 희망을 묻는다. 자녀가 어떤 직업에 관심이 있는지 알고 싶어서이지만, 마음속에는 자녀의 미래에 대한 기대도 담겨 있다. 엄마들은 자녀가 안정적인 미래를 보장받을 수 있는 직업을 갖기 바란다. 그런데 만약 자녀의 장래 희망이 엄마의 생각이나 기대와 어긋나 있다면? 엄마들은 실망감을 감추지 못하고, 자신의 이상적인 희망을 자녀에게 주입하려 한다.

이러한 상황을 겪게 된 아이들은 자신의 희망을 엄마의 기대에 맞춰 이야기한다. 아이들이 엄마의 의견을 듣고 마음을 바꾼 것이라면 상관없지만, 대부분은 엄마를 실망시키고 싶지 않은 마음에서 비롯된다.

엄마가 자녀에게 주입한 이상적인 미래는 엄마 자신의 경험과 마음속 동기에서 나온 것이다. 따라서 이는 자녀의 목표가 아니라 엄마의 동기에 기반을 둔 엄마의 목표이다. 문제는 이렇게 목표를 제시받게 되면, 목표의 기능이 제대로 작동하지 않는다는 점이다.

동기의 주체에 따라 달라지는 목표의 성과에 대해 알아보자. 목표는 동기의 주체에 따라 자기결정목표, 참여적목표, 지시적목표로 나눌 수 있다. 먼저 자기결정목표는 스스로 목표를 설정하는 것이고, 참여적목표는 여러 구성원이 함께 목표를 설정하는 것이며, 지시적목표는 타인으로부터 지시받거나 제시받아 설정된 목표이다.

구분	동기의 주체	성과
자기결정목표	자기의 동기에 의한 목표	높음
참여적목표	공동의 동기에 의한 목표	높음
지시적목표	타인의 동기에 의한 목표	낮음

[표3-1] 동기 주체별 목표와 성과

이러한 분류는 동기 주체에 따라 목표를 구분한 것이다. 연구 결과에 따르면 지시적 목표는 자기결정목표나 참여적 목표보다 극히 낮은 성과를 보인다. 반면 자기결정목표와 참여적 목표는 비교적 높은 성과를 거두는 것으로 나타난다. 이는 자녀의 목표가 자기결정목표가 아닌 엄마로부터 제시된 지시적 목표라면 이를 이룰 가능성이 매우 낮다는 것을 의미한다.

간혹 엄마들은 자녀의 목표가 자기결정목표는 아닐지라도, 자녀와 함께 정하였기 때문에 적어도 참여적 목표라고 생각한다. 하지만 엄마가 자녀의 목표설정에 참여하였다고 해서 무조건 참여적 목표가 되는 것은 아니다. 이 경우에도 위의 세 가지 목표가 모두 나타날 수 있다.

먼저 자기 혼자 결정해야만 자기결정목표라고 생각하기 쉽다. 하지만 반드시 그런 것은 아니다. 엄마가 목표설정 과정에 관여하였더라도 자녀가 자신의 동기만으로 설정했다면 그건 자기결정목표이다. 그리고 엄마가 자녀와 함께 설정한 목표라도 자녀는 배제된 채 엄마의 동기만 반영되었다면 이는 지시적 목표이다.

이처럼 엄마가 자녀의 목표설정 과정에 참여했는지는 중요하지 않다. 이는 누구의 동기가 반영되어 있는지에 따라 구분된다. 물론 엄마와 자녀의 동기가 모두 반영되어 함께 설정하였다면 그건 참여적 목표이다.

엄마들이 많이 오해하는 부분이 지시적목표를 참여적목표로 생각하는 것이다. 자신의 희망사항을 자녀의 꿈으로 알고 있는 엄마들은

다 이러한 오해에서 비롯된다. 자녀가 목표를 정하지 못한다면 엄마가 관여해서 목표를 설정하도록 유도해 주는 것은 좋다. 다만 목표설정에 자녀의 동기가 배제되어서는 안 된다.

목표를 설정할 때는 동기의 주체뿐만 아니라 이를 대하는 자세도 중요하다. 캠프에서 지도하다 보면 마치 엄마를 위해 공부하는 것처럼 말하는 아이들이 있다. 캠프에 들어온 것은 엄마 때문이고, 공부 역시 엄마를 만족시키기 위해서 하는 것으로 생각한다. 이렇게 생각하는 아이들은 공부를 수행목표로 생각하는 것이다.

미국의 심리학자 캐럴 드웩(Carol S. Dweck)은 목표의 성향을 수행목표와 학습목표로 구분하였다. 수행목표의 성향은 자신의 유능성에 대해 타인으로부터 긍정적인 평가를 받고자 하는 것이고 학습목표의 성향은 자신의 유능성 향상 자체에 목표를 두는 것을 말한다.

아이들이 어떤 목표성향을 지니냐에 따라 상황을 대하는 심리적 대처가 달라진다. 심리학자 드웩은 이 이론을 발표할 때 목표(Goals)라는 단어를 사용했지만, 수행목적, 학습목적처럼 목표를 목적으로 생각하면 좀 더 쉽게 이해할 수 있다.

드웩은 이 두 가지 목표성향의 학생들이 실패에 어떻게 반응하는지를 알아보는 실험을 진행하였다. 먼저 사전에 학생들의 목표성향을 분석하여 두 그룹으로 나누고 총 열두 문제를 풀도록 했다. 처음 여덟 문제는 어떤 학생이라도 어렵지 않게 풀 수 있는 문제를 배치하였고, 뒤에 네 문제는 쉽게 풀 수 없는 어려운 문제를 배치하였다. 테스트 중에도 자유롭게 말할 수 있도록 허락하여 학생들이 어떻게 반응하는지 살펴보았다.

처음 여덟 문제를 푸는 과정까지는 이 두 그룹 사이에서 차이를 발견되지 않았다. 그런데 어려운 문제가 나왔을 때 이 두 부류의 반응은 확연하게 갈라졌다.

수행목표 그룹의 학생들은 자기 자신을 비하하는 말을 중얼거렸다. 그리고 과제에 대한 불안, 불만, 혐오감 등을 표현했다. 이들은 실패의 원인을 자신들의 능력으로 돌리며 극복할 수 없다고 생각했다. 그리고는 금방 포기해 버렸다.

이에 반해 학습목표 그룹은 실패를 도전으로 간주하였다. 자신의 문제해결 의지를 돋우기 위해 긍정적인 말을 하였다. 실패를 두려워하지 않는 것이다.

이러한 목표성향의 차이는 드웩 외에도 수많은 연구자의 연구로 입증되었다.

대체로 수행목표를 가진 학생들은 타인의 평가와 비교에 민감하게 반응한다. 또 실패를 겪었을 때 쉽게 좌절하거나 자기를 비하하는 경향을 보인다. 반면에 학습목표 성향을 지닌 학생은 실패에 도전적으로 반응한다. 실패에 쉽게 좌절하지 않으며, 어려움에 직면하게 되면 높은 지구력을 보인다.

우리 아이들에게 공부의 본래 목적을 벗어나 성공을 위한 수단으로 인식된 지 오래다. 사회에서 경쟁의 우위를 점하려면 공부도 남들보다 더 잘해야만 의미가 있다고 생각한다. 따라서 엄마들도 자녀의 학습 성취를 위해 수행목표를 강조하는 것이 현실이다.

그러나 자녀에게 비교와 경쟁만을 강조하다 보면 실패에 직면했을 때 쉽게 대처하지 못한다. 지나치게 남의 평가에 의존하게 되어 학습효과가 오히려 떨어질 수도 있다. 그리고 성적과 관련 없는 분야에는 관심을 두지 않으려는 경향을 보인다.

남과의 비교를 통한 경쟁은 초반에는 높은 효과를 거둘지 모르나 장기적으로는 오히려 부정적인 영향을 미칠 수 있다. 새로운 도전을 피하게 되어 폭넓은 사고와 창의력을 제한하게 된다.

사람은 정도의 차이는 있지만 두 가지 목표성향을 모두 가지고 있다. 경쟁할 수밖에 없는 사회와 입시환경 속에서 학습목표만 고수한다는 것은 사실상 불가능하다. 그럼에도 자녀를 올바른 방향으로 이

끌려면, 의식적으로라도 공부에 대한 수행목표는 줄이고 학습목표를 높여야 한다.

자녀의 학습목표를 높이기 위해서는 먼저 자녀에게 공부의 동기가 부여되어야 한다. 공부가 일이 되어서는 곤란하다. 그리고 이렇게 부여된 동기를 바탕으로 자기 스스로 목표를 설정해야 한다. 공부가 자신에게 주어진 일이 아닌 자신의 진짜 목표가 되어야 한다.

목표를 쪼개고 나누고 재배열해라

자녀가 대학에 진학하기까지 정규교육 기간만 12년이라는 긴 시간이 걸린다. 그만큼 아이들에게 공부는 긴 레이스이고 많은 시간을 투자해야 한다.

물론 대학에 진학하는 것만이 공부의 목적이라고 할 수는 없다. 하지만 우리는 치열한 경쟁 사회에 살고 있고, 특히 한국 사회에서는 소위 SKY와 같은 명문대에 진학해야만 경쟁 우위에 설 수 있는 것이 현실이다. 그렇기에 자녀들은 공부라는 어렵고도 긴 레이스 앞에 서 있다.

인간은 목표를 달성하는 것이 너무 어렵거나, 그것을 이루기까지 너무 많은 시간이 걸리면 중도에 포기하려는 유혹에 빠진다. 목표의 달성이 너무 어려우면 가능성 작아서이고, 너무 오래 걸리면 성취의 보상이 늦게 오기 때문이다. 따라서 목표를 설정할 때는 이러한 특성을 고려해야 한다.

먼저 목표는 가능한 구체적이어야 한다. 목표를 구체적으로 설정하게 되면 수행 과정에서 분명한 기준이 제공된다. 중간 과정에서 내가 이룬 결과와 내가 서 있는 위치를 정확히 알 수 있다. 이로 인해 내가 세운 계획에 미치지 못했거나 어긋나게 되면 이를 바로 잡을 수 있다.

목표는 적당히 어려워야 한다. 물론 목표가 너무 어려워도 이를 회피해 버리지만, 적당히 어려워야만 도전의식을 갖게 된다. 반면에 목표가 너무 쉬워서도 안 된다. 너무 쉬운 목표는 성취감이 낮아서 도전의식을 떨어뜨린다.

목표는 가까운 장래에 이룰 수 있을수록 좋다. 인간은 즉각적인 보상에 민감하게 반응하도록 진화해 왔다. 확실치 않은 미래에 더 큰 보상이 예상되더라도 이에는 여러 가지 변수가 발생할 수 있다. 그래서 작더라도 즉각적인 보상에 반응하는 편이 더 유리하다. 인간은 목표 도달까지 너무 오래 걸리면 중도에 포기하거나 미뤄 버리고, 빨리 달성할 수 있는 목표일수록 실행에 옮긴다.

이러한 목표의 특성을 종합해 보면 목표는 가능한 구체적이고, 적당히 어려우며, 가까운 장래에 이룰 수 있을수록 효과적이다. 공부에 이러한 목표의 특성을 적용하려다 보면 두 가지 문제가 발생한다. 공부는 구체적이기보다는 포괄적이고, 가까운 장래에 이룰 수 있는 과제가 아니기 때문이다.

공부의 이러한 문제를 해결하는 방법은 목표를 쪼개고, 나누고, 재배열하는 것이다. '[표3-2] 목표 나누기'의 예를 살펴보자.

학교 성적이 상위 50% 정도의 A와 B라는 두 학생이 있다. 이때 A는 표의 좌측처럼 목표를 설정하였고, B는 표의 우측처럼 목표를 설정하였다. 어떤 학생이 더 좋은 결과를 얻게 될까?

A의 목표	B의 목표
올해 안에 상위 10% 달성하기	1학기 중간고사 때까지 상위 40% 1학기 기말고사 때까지 상위 30% 2학기 중간고사 때까지 상위 20% 2학기 기말고사 때까지 상위 10% 달성하기

[표3-2] 목표 나누기

먼저 A는 '올해 안에 상위 10% 달성하기'라는 하나의 큰 목표로 설정하였다. 그런데 이는 중간 성적의 A에게는 한 번에 달성하기가 어

려운 목표이다. 게다가 1년이라는 긴 시간을 바탕으로 하고 있다. A

가 처음엔 호기롭게 시작하더라도, 중간에 도전의식이 약해지면 포

기할 가능성이 커진다.

반면에 B는 '올해 안에 상위 10% 달성하기'라는 큰 목표를 작은 목

표들로 나누었다. 이렇게 하면 중간 성적인 B에게도 목표들이 달성

하기 어렵지 않다. 그리고 2개월이라는 짧은 시간을 바탕으로 하고

있다. B는 목표달성을 위한 도전의식이 커지고 중도에 포기할 가능

성도 작아진다. B는 작은 목표를 이루면서 자신감과 성취감을 얻게

되고, 큰 목표에 도달하게 된다. 설령, 중간에 목표달성을 실패하더

라도, 그때부터 다시 목표를 나누어 재도전할 수 있다.

목표를 나누어 접근할수록 효과적이라는 것을 잘 보여주는 실험이

있다. 미국의 심리학자 앨버트 밴듀라(Albert Bandura)는 재미있는

실험을 진행하였다. 밴듀라는 먼저 뱀 공포증이 있는 이들 중에서 치

유할 의사가 있는 사람들을 모집하였다. 이들 대부분은 뱀이 자신의

근처에 오기만 해도 소스라치게 놀라는 사람들이었다. 밴듀라는 이

들에게 간단한 미션부터 시작해서 뱀과 접촉 정도를 점진적으로 높

이는 방법으로 실험을 진행하였다.

처음에는 참가자들 사이에 유리 벽을 둔 상태에서 뱀과 접하도록

하였다. 그렇게 어느 정도 익숙해지면 참가자와 뱀 사이의 공간을 두고 문을 열어두었다. 참가자들은 뱀과 같은 공간에 있게 되었지만, 조금씩 적응함으로써 공포를 극복해 갔다. 그렇게 점차 뱀과 참가자 사이의 거리를 좁혔고, 마침내 뱀 공포증을 극복하게 되었다. 일부 참가자들은 뱀을 직접 만지기도 하였다.

이 실험은 목표를 나누어 접근하면, 비교적 쉽게 큰 목표에 도달할 수 있다는 걸 보여준다. 이 실험이 의미 있었던 이유는 한 가지가 더 있다. 뱀 공포증을 극복한 실험참가자들이 이후의 삶에도 많은 변화를 보였기 때문이다. 이들은 다른 영역인 학업이나 일, 관계에서도 이전보다 높은 성과를 이루었다. 그리고 만족스러운 삶을 이끌어 가고 있었다. 스스로 극복한 성공의 경험이 다른 영역에서도 자신감을 높이는 기반으로 작용하게 되었다. 밴듀라는 이를 '자기 효능감'이라는 이론으로 정립하였고, 이와 관련된 다양한 연구를 통해 이론적 토대를 구축하였다.

'자기 효능감'이란 주어진 과제나 일을 성공적으로 수행할 수 있다는, 자신의 능력에 대한 믿음을 말한다. '자기 효능감'은 작은 목표에서 성공을 경험하고, 이를 바탕으로 큰 목표를 달성했을 때 강화된다.

목표를 나누어 접근하면 목표달성이 쉬워질 뿐만 아니라, 자기 효능감을 높이는 효과도 거둘 수 있다. 자기 효능감이 높아지면 문제에 부딪혔을 때 해결할 수 있다는 긍정적인 생각을 하게 된다. 그리고 어려움을 극복해 가는 추진력으로 이어진다.

인간의 뇌는 게을러서 편안함만을 추구한다. 뇌는 갑작스레 엄청난 변화를 맞닥뜨리게 되면 곧장 편안함을 느끼는 영역으로 돌아가려 한다. 그래서 커다란 목표에 마주 서면 우리의 뇌는 거부감을 일으킨다.

공부에 대한 큰 목표라도 이를 쪼개고 나누고 재배열하면 목표달성이 쉬워진다. 목표를 하나둘 이루다 보면 자신감이 생기고, 자기 효능감도 높아져 추진력을 얻게 된다. 작은 목표를 달성하다 보면 어느새 공부습관이라는 큰 목표에 도달하게 된다.

메타인지가 목표를 결정한다

자녀 교육에 관심이 많은 엄마라면 '메타인지'라는 단어를 한 번쯤은 들어봤을 것이다. 메타인지(Metacognition)를 간단히 설명하면 '무엇을 알고 무엇을 모르는지 스스로 제대로 파악하고, 이를 바탕으로 자신을 조정하는 능력'이다. 한마디로 자기 성찰 능력이다. 자기 생각이나 알고 있는 지식을 자체적으로 검증하는 것이기 때문이다.

메타인지는 근래에 많이 주목받고 있지만, 1976년 발달심리학자인 존 플라벨(J. H. Flavell)이 처음 사용한 용어다. 그는 인간의 인지 능력 중 메타인지의 발달이 가장 중요하다고 강조하였다. 그렇다면 메타인지가 아이들에게 중요한 이유는 무엇일까? 네덜란드 마르셀 베엔만(Marcel Veenman) 교수의 연구에 따르면 지능의 성적 관여도는 25%에 불과했고, 메타인지의 성적 관여도가 40%나 되는 것으로 나타났다. 이는 메타인지가 지능보다 학습능력에 더 많은 영향을 미치게 된다는 것을 의미한다.

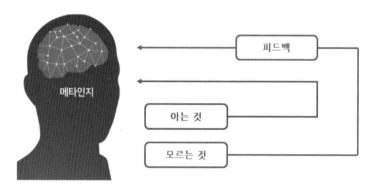

[그림3-2] 메타인지

메타인지 능력이 뛰어날수록 학습능력이 좋아지게 되는 원리는 지식과 조절 능력 때문이다. 메타인지의 지식은 내가 아는 것과 모르는 것을 정확히 파악하는 능력이다. 그리고 조절은 이렇게 파악한 것을 바탕으로 자신의 목표를 설계하고 계획하는 능력이다. 이렇게 지식과 조절 과정을 거치게 되면, 행동의 가능성이 커지고 성공의 가능성도 확대된다. 메타인지 능력이 뛰어나면 자신에게 무엇이 필요한지 파악하여 효과적인 전략 세우고, 이를 적절히 사용할 수 있게 된다. 이로 인해 학습능력이 향상된다.

메타인지와 연결되는 또 다른 교육이론으로 기대가치이론이 있다. 기대가치이론은 심리학자 마틴 피시베인(Martin Fishbein)에 의해 정립된 것으로, '기대'와 '가치'라는 두 가지 변수에 의해 개인의 행동에 대한 동기화가 달라진다는 이론이다.

기대 × 가치 = 동기

기대가치이론에서 동기는 기대와 가치를 곱한 값에 의해 결정된다. 여기서 기대는 행동했을 때 이익을 얻을 것이라는 기대, 즉 성공 가능성을 의미한다. 그리고 가치는 성공했을 때 얻을 수 있는 이익에 대한 가치판단을 뜻한다.

예를 들어 선생님이 A와 B라는 학생에게 "매일 5시간씩 꾸준히 공부하면, 서울대에 갈 수 있다."라고 이야기했다고 생각해 보자.

A는 자신이 '매일 5시간씩 꾸준히 공부'할 가능성, 즉 기댓값을 10점 만점에 5점으로 생각하고, '서울대 진학'이라는 가치를 10점으로 생각한다면 A의 동기값은 50점(5×10=50)이 된다. 그리고 B는 자신이 '매일 5시간씩 꾸준히 공부'할 기댓값을 7점으로 생각하고, '서울대 진학'이라는 가치를 8점으로 생각한다면 B의 동기값은 56점

(7×8=56)이 된다. 이러면 B의 동기값이 A보다 크기 때문에 실제로 '매일 5시간씩 꾸준히 공부'할 가능성은 A보다 B가 크다.

이처럼 기대가치이론에서의 동기는 성공 가능성의 기대치와 행동의 결과로 얻을 수 있는 가치판단이 클수록 성취를 위한 동기가 커진다. 성취를 위한 동기는 '기대'와 '가치'의 곱으로 이뤄지기 때문에 둘 중 하나가 제로라면 동기는 생기지 않는다.

자신의 기대와 가치를 제대로 인지하려면 메타인지 능력이 필수적이다. 기대가치이론이 메타인지와 연결되는 이론이라고 설명한 이유가 이 때문이다. 메타인지 능력의 부족으로 자신을 과신하거나 결과의 가치를 높게 판단하면 목표를 제대로 계획하지 못하여 실패할 확률이 커진다. 반대로 실제보다 자신의 능력이나 결과의 가치를 낮게 잡으면 실행에 옮기지 않고 포기할 가능성이 커진다. 이처럼 메타인지는 목표를 설정하는 과정에서 중요한 역할을 한다.

메타인지는 자신을 제대로 성찰하게 함으로써 학습능력의 향상뿐 아니라, 성공적인 사회생활을 위해서도 필요한 능력이다. 그렇다면 메타인지 능력은 발달시킬 수 있을까? 지금까지 연구 결과를 보면 메타인지 능력은 훈련으로 향상시킬 수 있다.

콜롬비아 대학의 심리학과 리사 손(Lisa Son) 교수는 "시행착오가 없는 천재적 인간에게는 메타인지의 기회가 없다."라고 말한다. 메타인지 능력은 시행착오를 겪으면서 향상된다는 것이다. 성공하지 못하더라도 실패의 과정을 돌아보고 자신이 부족했던 점을 인지하는 과정에서 메타인지 능력은 향상된다.

메타인지의 향상을 위해서는 자녀가 실패하더라도 실패를 용인할 수 있는 자세가 필요하다. 자녀가 실패했을 때 이를 인정하고 대처하는 방법과 실패를 넘어서는 방법을 깨우치도록 해야 한다. 이는 자신의 단점이나 취약점을 인정함으로써 얻을 수 있다. 이때 얻어지는 것이 바로 메타인지 능력이다.

사실 이미 수천 년 전부터 메타인지 학습법을 설파한 이가 있다. 바로 "너 자신을 알라."는 말을 남긴, 그 유명한 고대 그리스의 철학자 소크라테스(Socrates)다. 소크라테스는 사람들의 무지를 일깨워 주기 위해 문답의 방법으로 자신의 사상을 전파하였다.

그는 질문을 받고 답을 하는 과정에서, 생각을 반복하면서 이를 언어적으로 표현하기 위해 더 많은 사고를 하게 된다고 봤다. 소크라테스는 반어법을 사용해 자신이 모른다는 것을 자각하지 못하는 상대에게 질문을 계속함으로써, 스스로 무지를 깨닫게 하였다.

이를 통해 자신이 모르거나 착각한 부분을 발견하여 스스로 부족한 점을 찾을 수 있다. 이는 메타인지와 같은 개념이다. "너 자신을 알라."라는 유명한 어록은 메타인지에 대한 선현의 가르침이다.

인간은 쉽게 배운 것은 쉽게 잊어버리지만, 어렵고 힘들게 학습한 것은 뇌에 오랫동안 기억한다. 가정 내에서 자녀가 할 수 있는 메타인지 훈련법은 단순히 반복하는 학습이 아니라, 학습한 부분을 설명해 보고, 스스로 테스트하는 것이 가장 효과적인 방법이다.

메타인지는 자신을 객관적으로 평가하여 최적화된 목표를 세우는 것이다. 천릿길도 한걸음이듯 자신을 객관적으로 바라보는 것이 목표를 제대로 세우는 첫걸음이다.

제4장

놀라운 습관
트레이닝

습관테마

Step 3
결과로 나타나는
공부습관 훈련법

STUDY HABIT
SYSTEM

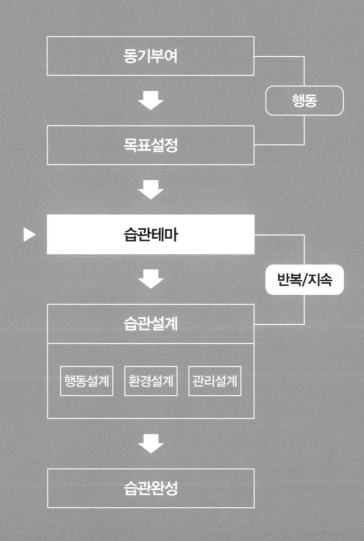

STUDY HABIT
SYSTEM

공부실력은 근원능력의 차이다

공부의 목표가 결정되었으면 이제 '습관테마'를 정해야 한다. 이를 위해 먼저 학습의 근원능력에 대해 이해할 필요가 있다. 학습(學習)이란 단어의 한자를 풀어보면, 배우고(學 배울 학) 익힌다(習 익힐 습)는 뜻이다.

요즘 아이들은 "學(학)"에 있어서는 부족함이 없다. 학교 수업뿐만 아니라, 학원이나 과외, 인터넷 강의를 통해서도 얼마든지 배울 수 있기 때문이다. 따라서 "學(학)"에 있어서만큼은 아이들이 충분한 기회를 받고 있다.

결국, 공부를 잘하고 못하고의 차이는 습(習), 즉 익힘 능력의 차이다. 같은 것을 배워도 이를 자기 것으로 만드는 습(習)의 차이가 공부를 잘하거나 못하게 만드는 요인이다.

그렇다면 같은 교육을 받은 아이들이 '익히는 능력'에 차이를 보이는 이유는 무엇일까? 이는 지능과 같은 유전적 요소부터 의지력과 같은 성향의 차이까지 여러 요인이 복합적으로 작용한다. 이러한 요인들은 하나의 용어로 정의하면 인간의 '근원 능력'이다.

근원능력이란 사고력, 창의력, 집중력 등 개인이 가진 본연의 능력을 의미한다. 지능과 같은 유전적 능력도 그 원천은 기억력이나 창의력 같은 근원 능력의 합이고, 의지력도 집중력이나 자제력과 같은 근원 능력들이 복합적으로 작용하여 나타난다. 결국 습(習)의 능력, 즉 익히는 능력은 인간의 근원 능력에서 비롯된다.

예를 하나 들어보자. 아래 '공부는 습관이다.'라는 문장이 있다. 이 문장을 읽고 제대로 이해하려면 어휘력, 사고력, 논리력, 이해력이 요구된다. 이 네 가지 근원 능력이 현저히 떨어지면 아래처럼 간단한 문장조차 이해하지 못하게 된다.

공부는 습관이다.

1. '공부'와 '습관'이라는 단어의 뜻을 알아야 한다. [어휘력]
2. '공부'와 '습관'을 연결 지어 생각할 수 있어야 한다.
   [사고력, 논리력]

3. '공부는 습관이다.'라는 문장의 의미를 이해해야 한다. [이해력]

공부를 잘하고 못하고는 이러한 근원 능력의 차이에서 비롯된다.

그러면 아이들의 근원 능력 차이는 어디서 비롯되는 걸까? 물론 아이들마다 타고 난 유전적 요인을 전혀 배제할 수는 없다. 하지만 이는 선천적인 요인보다 후천적 요인이 더 크게 작용한다. 근원능력 은 아이들이 어릴 때부터 일상생활과 학습 과정에서 차곡차곡 쌓아 온 결과물이기 때문이다.

이 책을 읽는 독자 중에는 근원능력이라는 용어가 생소한 사람도 있을 것이다. 그러나 창의력, 사고력, 논리력과 같은 능력을 길러준 다는 사교육업체들의 광고는 접해봤을 것이다. 이러한 업체들이 강 조하는 창의력, 사고력, 논리력 등이 바로 근원능력이다.

자녀의 근원능력이 향상되려면 이제라도 저런 교재나 학습지를 시 작해야 하나? 물론 그럴 필요는 없다. 저런 교재나 학습지가 실제로 근원능력을 향상해 주는지도 의심스럽다. 근원능력은 일상생활이나 학습 과정에서 저절로 길러진다. 다만 꾸준히 학습한 아이는 근원 능 력에서 앞서고, 그렇지 못한 아이는 뒤처져 있을 뿐이다.

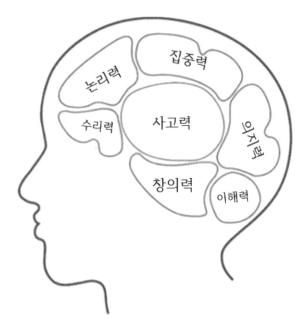

[그림4-1] 근원능력

    예를 든 '공부는 습관이다.'라는 문장을 제대로 이해하려면, 어휘력, 사고력, 논리력, 이해력이 필요하다. 이러한 능력은 어릴 때부터 독서를 많이 한 아이들이라면, 그렇지 않은 아이들에 비해 높게 나타난다. 어릴 때 독서는 지식의 습득을 위해서도 필요하지만, 근원능력의 향상을 위해서도 중요하다. 독서는 여러 근원능력을 향상시킬 뿐 아니라 독서 습관이 만들어지면 자연스럽게 공부습관으로 이어진다.

따라서 독서 습관은 공부습관으로 가는 지름길이라고 자신 있게 말할 수 있다.

같은 수업을 듣더라도 아이들의 근원능력이 부족하면 기초 학습과정부터 어려움을 겪게 된다. 엄마들과 상담을 하면서 근원능력의 중요성에 관해 이야기하면, 가끔 이런 말을 듣게 된다.

"우리 아이는 똑똑해서 선생님이 말씀하신 근원능력은 뛰어나요. 단지 공부를 하지 않아서 그런 건데요. 조금만 노력하면 금방 잘할 수 있지 않을까요?"

이는 엄마의 지나친 자신감일 가능성이 크지만, 실제로 머리 좋고 똑똑한 자녀일 수도 있다. 머리 좋은 자녀가 공부를 잘하지 못한다면, 엄마 말대로 공부를 열심히 안 해서 성적이 좋지 못한 것은 맞다. 하지만 근원능력이 뛰어나다는 엄마의 생각은 착각이다.

머리가 좋은데 공부를 못한다면, 사고력이나 이해력, 논리력 같은 근원능력이 뛰어난 데 비해, 자제력, 집중력, 의지력 같은 능력이 부족할 가능성이 크다. 일부 근원능력만 뛰어나고 봐야 한다.

학습에 필요한 근원능력을 향상시키는 방법은 어렵지 않다. 꾸준히 학습하다 보면 저절로 향상된다. 그런데 핵심은 꾸준히 해야 한다는 점이다. 공부습관이 생기면 근원능력이 향상되고, 꾸준히 학습하게 됨으로써 공부를 잘할 수 있는 가장 확실한 길이다.

최근 문해력을 많은 매체에서 소개하고, 그 중요성을 강조하면서 많은 주목을 받고 있다. 문해력을 자세히 들여다보면 근원능력과 맥을 같이 한다. 문해력의 중요성을 이야기할 때 자주 언급하는 몇 가지가 있다.

먼저 '실질적 문맹'이라는 용어이다. 국립국어원에서는 실질적 문맹이란 '현대 사회에서 일상생활을 해 나가는 데 필요한 글을 읽고 이해하는 최소한의 능력'이라고 설명하고 있다. '문맹'이라는 용어를 사용하다 보니 매우 자극적이다. 그러나 실질적 문맹을 쉽게 설명하면 일상에서 책이나 글을 읽고, 내용에 대한 이해를 제대로 하지 못한다는 뜻이다.

국가평생교육원에서 우리나라의 성인들을 대상으로 실질적 문맹률을 조사했을 때, 성인의 약 22%가 실질적 문맹으로 나타났다는 조사가 있다. 그리고 OECD의 국제성인역량 조사에 따르면, 문해력이 높을수록 소득이 높았고, 낮을수록 실업자가 될 확률이 두 배 이상 높았다. 문해력의 차이가 개개인의 경제적, 사회적 격차를 만드는 원인이 된다는 것이다.

문해력(文解力)의 한자를 풀어보면 글을 읽고 문장을 이해하는 능력이다. 글을 읽고 문장을 제대로 이해하려면 어휘력뿐 아니라 사고력, 논리력 같은 여러 근원능력이 필요하다. 따라서 문해력을 기르려면 근원능력의 향상이 필수적이다. 그리고 문해력은 근원능력 안에 포함되는 개념이다. 마찬가지로 학습에 대한 근원 능력이 차이나면 학력 수준은 당연히 벌어진다. 학력 수준이 벌어지면 경제적, 사회적 격차로 이어질 가능성 역시 커진다.

최근 문해력이 유행처럼 주목받으면서, 이를 길러준다는 사교육업체들까지 많이 생겨났다. 하지만 문해력은 그냥 학습에 필요한 근원능력일 뿐이다. 따라서 특별한 비법이 있기보다는 꾸준히 책을 읽거나 학습하다 보면 저절로 향상된다.

성공적 변화는 기본에서 시작한다

몇 해 전, 글로벌 IT 기업인 구글(Google)이 자신들의 경영기법을 일반에 공개한 적이 있다. 엄청난 매출을 자랑하는 세계적인 기업이기에 이는 사람들의 관심을 불러일으켰다.

그런데 막상 구글의 경영기법이 공개되었을 때 사람들은 매우 놀라지 않을 수 없었다. 그것에 대단한 정보가 담겨 있어서가 아니다. 구글이 공개한 경영기법이라는 것이 사람들의 기대와는 달리 아주 기본적인 것들이었기 때문이다. 그러나 그것에는 그들이 성공할 수밖에 없었던 아주 특별한 비밀이 담겨 있었다. 구글은 이런 기본적인 것들을 제대로 지키기 위해 정말 진심이었기 때문이다.

많은 이들이 더 큰 성장을 하려면 기본이 중요하다는 사실을 잘 알고 있다. 하지만 알면서도 이를 지키지 않거나 등한시하는 경우가 많다. 국가대표 축구선수인 손흥민의 아버지 손웅정 씨는 『모든 것은 기본에서 시작한다』라는 자신의 책에서 아들이 축구를 시작하고 처음 7년간은 기본기 훈련만 시켰다고 말한다.

자신이 축구선수였던 경험으로 인해 어릴 때 기본기를 제대로 익히는 것이 매우 중요하다는 사실을 잘 알고 있었기 때문이다. 이러한 기본기 훈련이 바탕이 되어 손흥민은 월드클래스 축구선수로 성장하게 되었다.

기본의 중요성은 공부도 예외가 아니다. 그럼에도 적지 않은 엄마들이 공부의 기본을 모르거나 관심조차 없다. 그러면서 현란한 광고들에 현혹되어, 단기간에 자녀의 성적을 책임져줄 특별한 학원이나 공부법을 찾아다닌다. 그곳에는 내가 모르는 뭔가 특별한 공부의 비법이 있을 거라고 기대하는 것이다.

특별한 공부 비법이라는 건 존재하지 않는다. 설령 있다 하더라도, 자녀가 공부의 기본을 갖추지 않았다면 내 것으로 만들 수도 없다. 가령 집중력이나 문해력이 부족하여 가르치는 내용조차 제대로 이해하지 못한다면 어떻게 될까? 아무리 실력 좋은 최고 인기 강사라도 이럴 땐 어쩔 도리가 없다. 강의 내용이 아무리 훌륭해도 이를 받아드리는 건 온전히 학생의 몫이기 때문이다.

앞서 공부 실력은 근원능력의 차이에서 비롯된다고 설명한 바 있다. 근원능력은 꾸준히 학습하면 향상된다. 이렇게 향상된 근원능력은 다시 학습의 도움을 주는 선순환 구조를 이룬다. 따라서 꾸준히 공부하면 근원능력이 향상되고, 근원능력의 향상으로 인해 학습의 성과는 가속 비례하여 상승한다.

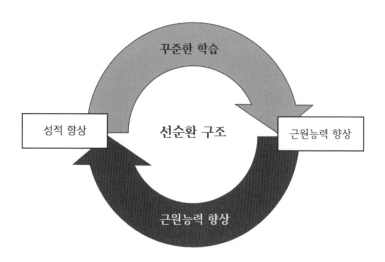

[그림4-2] 학습의 선순환 구조

 습관테마를 시작하기에 앞서 학습의 근원능력과 기본의 중요성을 먼저 살펴본 이유가 있다. 공부습관을 만드는 데 있어서 성적 향상을 위한 테마를 우선으로 할 것인지, 기본에 충실하여 근원능력 향상에 중점에 둔 테마를 우선으로 것인지를 결정해야 하기 때문이다. 당장 물고기를 잡는 데 집중할지, 물고기 잡는 능력을 키우는 데 집중할지와 같은 문제이다.

습관테마는 공부습관이라는 목표를 달성할 수단이 되는 주제를 정하는 단계이다. 자녀가 어느 정도 공부습관이나 학습의 자세가 갖추었다면, 일반적인 학습 과정을 습관테마로 선정하면 된다. 하지만 아직 공부의 자세를 제대로 갖추지 못했다면, 먼저 기본에 바탕을 둔 근원능력의 향상에 초점을 맞추는 것이 좀 더 나은 방향이다.

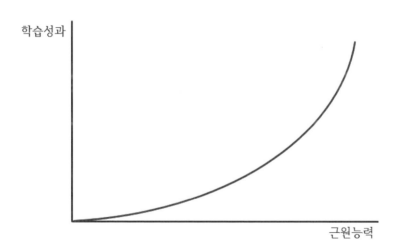

[그림4-3] 학습성과와 근원능력

기본을 바탕으로 근원능력 향상시키는 테마에 대해서는 뒤에서 다룰 예정이다. 습관테마를 무엇으로 정할지는 자녀의 현재 상황과 환경을 고려하여 선택해야 한다. 다만 공부라는 긴 레이스에서는 기본부터 충실히 하는 것이 종국에 더 큰 성과로 돌아오게 된다.

성적을 올리는 공부습관테마 3가지

이제 공부습관 만들기의 실제 습관테마를 잡아보자. 공부습관테마는 설정된 목표를 달성하기 위한 수단으로, 공부습관의 테마를 정하는 단계이다. 우리는 앞서 공부의 근원능력과 기본의 중요성에 대하여 살펴보았다. 습관테마는 가능하면 공부의 기본에 방향을 맞추는 것이 바람직하다.

그렇다면 공부의 기본은 무엇인가? 결론을 먼저 이야기하면 읽기와 쓰기 능력이다. 요즘은 유치원 아이들도 읽고 쓰는 것이 가능하다. 그런데 이것이 공부의 기본이라니 의아해하는 독자가 있을지도 모르겠다. 하지만 여기서 말하는 읽기와 쓰기는 **제대로 읽고, 제대로 쓰는 것**을 말한다.

이해를 돕기 위해 다시 축구로 예를 들어보겠다. 모두가 알고 있듯이 축구는 공을 몰고 가서, 상대편 골문에 공을 넣은 경기이다. 이때 상대편 골문 앞까지 공을 몰고 가는 방법은 선수들 간의 패스와 드리블, 그리고 볼을 넣는 슈팅이다.

이처럼 패스와 드리블, 그리고 슈팅 능력은 축구의 기본이 되는 기술이다. 이러한 기술을 바탕으로 축구를 한다는 점에서는, 손흥민과 같은 대단한 선수나 이제 막 축구를 시작한 초등학생 선수나 별반 다르지 않다. 초등학생 선수들도 패스, 드리블, 슈팅이라는 기술을 사용하여 축구를 하고 있기 때문이다.

그렇다면 손흥민과 같은 세계적인 선수와 초등학생 선수와의 차이는 무엇인가? 이는 얼마나 기본을 제대로 하느냐의 차이이다. 제대로 패스하고, 제대로 드리블하고, 제대로 슈팅하는 이러한 기본을 얼마나 능숙하게 할 수 있느냐의 차이다. 손흥민이 축구를 시작하고 기본기만 7년을 익힌 것도 이를 제대로 하기 위해서이다.

기본은 쉽다고 생각하는 사람들이 많다. 하지만 기본을 제대로 그리고 잘하기는 절대로 쉽지 않다. 공부도 마찬가지다. 최근엔 영상을 활용한 교육이 보편화 되면서, 아이들이 시각적인 교육 콘텐츠에 익숙해 있다. 그러나 수업 진행의 기본은 교과서라는 책이고, 학습 진행의 기본은 읽기와 쓰기로 이루어진다. 따라서 제대로 읽고, 제대로 쓰는 것이 학습의 기본이라는 사실에는 변함이 없다.

제대로 읽고, 제대로 쓴다는 것은 어떤 걸 의미할까? 먼저 제대로 읽는다는 것은, 글을 읽고 그 내용을 정확히 이해하는 것이다. 그리고 제대로 쓴다는 것은, 자신이 아는 것을 필요할 때 적절하게 표현하는 것이다. 공부는 지식을 정확히 이해하여 받아들이고, 이를 필요할 때 적절하게 활용할 수 있어야 잘하게 된다. 제대로 읽고 제대로 쓰려면 많이 읽고 많이 써보는 것이 최선의 훈련법이다.

공부습관캠프에서 아이들에게 적용하여 효과가 검증된, 제대로 읽고 제대로 쓰는 공부습관테마가 있다. 이는 독서, 백지인출, 마인드맵 훈련이다.

먼저 독서는 지식을 정확히 이해하고 받아들이는 훈련이다. 그리고 백지인출은 이해한 내용을 확인하기 위해 백지 위에 써 보는 훈련이다. 마지막으로 마인드맵은 자신이 알고 있는 내용을 활용할 수 있도록 계층화하여 연결하는 훈련이다. 백지인출과 마인드맵은 뒤에서 자세히 다루게 될 내용이다. 해당 부분을 미리 읽고 와도 좋다.

독서, 백지인출, 마인드맵을 연계함으로써 얻을 수 있는 효과에 대해 알아보자. 이 세 가지 테마는 아래와 같은 흐름으로 이어지며 단계별로 수행하게 된다. 먼저 독서를 통해 지식을 받아들이고, 백지인출을 통해 자신이 이해한 내용을 정리하며 기억하게 된다. 그리고 마인드맵으로 기억한 내용을 분류하고 연결하게 된다. 이러한 과정을 반복하면 제대로 읽고 제대로 쓰는 능력이 향상된다. 그리고 학습에 필요한 근원능력도 같이 향상된다. 이는 저자의 공부습관캠프에서 아이들이 실천하여 효과가 검증된 프로세스다.

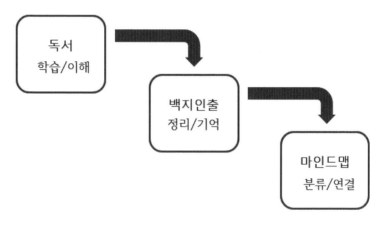

[그림4-4] 공부습관테마 프로세스

이 프로세스에서 독서를 교과학습 테마로 변경하는 것도 가능하다. 그러면 교과학습 → 백지인출 → 마인드맵의 흐름으로 진행하게 된다. 이렇게 하면 교과학습을 바탕으로 제대로 읽고 쓰는 공부습관 테마가 된다.

다만 독서를 교과학습의 테마로 변경하는 것은, 어느 정도 공부자세를 갖추었을 때만 권한다. 아직 공부자세를 갖추지 못한 상황에서 교과학습을 백지인출하고, 이를 마인드맵으로 연결하는 것은 어렵다.

공부자세를 어느 정도 갖추었다면 교과학습으로, 그렇지 않다면 독서를 테마로 정하는 것이 좋다. 독서는 교과학습보다 접근하기 쉽고, 처음 백지인출과 마인드맵을 시작하더라도 비교적 어렵지 않게 할 수 있다. 책 한 권을 처음부터 끝까지 제대로 읽게 되면 성취감과 자신감도 얻을 수 있다. 이로 인해 학습의 재미를 찾아가기가 쉬워진다.

여러모로 공부습관 만들기를 시작하는 아이들에겐 독서 테마가 교과학습 테마보다 수월하다. 어느 정도 이 프로세스에 익숙해지면, 그때 독서를 교과학습 테마로 변경하면 된다.

엄마들에게 독서를 공부습관테마로 추천하면 현실적인 어려움을 이야기한다. 자녀가 당장 교과학습을 하기도 벅찬데, 독서까지 하게 되면 공부할 시간이 줄어들게 된다는 걱정이다. 엄마들의 현실적인 문제를 이해 못 하는 건 아니다. 그러나 가끔은 멀리 가기 위해, 힘을 축적해야 할 때가 있다.

만일 학기 중이 어렵다면 방학 기간을 활용해 보는 것도 좋은 방법이다. 방학을 활용하여 독서 테마로 공부습관을 만들어 보자. 여건이

안 된다면 저자의 공부습관캠프에 보내보는 것도 하나의 선택지가

될 수 있다.

백지인출: 기억하고 구조화해라

공부습관테마로 제시한 백지인출에 대해 좀 더 자세히 알아보자. 백지인출이란 책을 읽거나 학습한 내용을 백지 위에 생각나는 대로 모두 적어보는 것을 말한다. 다만 내용을 암기하여 그대로 옮겨 적는 것이 아니라, 내가 알고 있는 내용을 머릿속에서 정리하여 쓰는 것이다.

처음 백지인출을 하게 되면 생각이 안 나거나 내용이 잘 정리되지 않을 수도 있다. 그렇더라도 생각이 안 나면 생각나는 만큼, 정리가 안 되면 안 되는 대로 쓰면 된다.

백지인출을 하게 되면 단순히 책을 읽거나 수업을 듣는 것만으로는 얻을 수 없는 학습 효과를 얻을 수 있다. 기억하고 있는 내용을 쓰는 것 자체로 복습이 된다. 이는 학습한 내용을 머릿속에서 한 번 더 출력하기 때문이다. 학습을 통해 얻은 지식을 활용할 수 있으려면,

필요할 때 머릿속 지식을 꺼내 쓸 수 있어야 한다. 이는 시험을 볼 때도 마찬가지이다. 그러므로 백지인출은 나 스스로 학습 내용에 대한 시험을 치르는 것과 같다.

우리는 책을 읽거나 수업을 듣고 나면 마치 다 아는 듯한 착각에 빠지고는 한다. 하지만 막상 알고 있는 내용을 말이나 글로 설명해 보라고 하면 제대로 하지 못할 때가 많다. 백지인출은 내가 알고 있는 것과 모르는 것을 객관적으로 파악하는 방법이다.

백지인출에는 세 가지 장점이 있다. 첫째, 학습한 내용을 장시간 머릿속에 남길 수 있다. 백지인출이 능숙해지면 복습이 쉬워지고 아는 내용을 오랫동안 기억하게 된다. 요즘은 인터넷만 검색해도 쉽게 정보를 찾을 수 있어서 암기가 그리 중요하지 않은 시대이다. 아이들의 교육환경도 점차 주입식 교육에서 사고력이나 창의력 중심의 교육으로 변하고 있다.

하지만 이러한 사고력이나 창의력도 알고 있는 지식의 재조합이다. 예를 들어 우리가 읽는 책의 모든 단어는 사전을 찾아보면 나온다. 어차피 사전에서 찾을 수 있으므로 어휘력을 익히지 않으면 어떻게 될까? 책을 읽을 때마다 단어를 일일이 찾아야 하고, 책 한 권을 읽는데도 엄청난 시간이 걸리게 된다. 이처럼 머릿속에 지식이 없으면, 양질의 사고력이나 창의력은 쉽게 나오지 않는다. 따라서 지식을 암기하고 기억하는 것은 교육에 있어서 여전히 중요하다.

백지인출로 학습 내용을 오랫동안 기억하게 되는 이유는 '부호의 다양성 효과' 때문이다. 우리의 뇌는 장소나 시간을 달리하여 반복 학습을 하게 되면 오랫동안 머릿속에 저장한다. 심리학에서 이를 '부호의 다양성 효과'라고 한다.

예를 들어 학교에서 배운 내용을 다시 집에서 백지인출 하게 되면, 공간과 시간이 달라짐으로써 그날 배운 내용을 더 오래 기억하게 된다. 백지인출은 학습한 내용을 장기간 기억하는 데 있어서 매우 효과적인 방법이다.

백지인출의 두 번째 장점은 백지인출 과정에서의 구조화 훈련이다. 우리의 뇌는 정보를 받아들이거나 내보낼 때, 구조화하는 과정을 거친다. 학습한 내용 전체를 머릿속에 모두 저장한다면, 뇌에 입장에서 이는 매우 비효율적이다. 그래서 들어온 정보를 키워드로 정리하고 요약하여 구조화한 후에 저장한다. 다시 정보를 꺼낼 때는 이들을 연합하거나 재구성하는 구조화가 다시 일어난다.

공부를 잘하려면 필요할 때 학습한 내용을 재구성하여 꺼내 쓸 수 있어야 한다. 그런데 이러한 정보의 구조화 과정은 학습한 내용을 제대로 이해했을 때만 가능하다. 학습한 내용을 제대로 이해하지 못한다면 구조화는 일어나지 않고 정보가 장기간 저장되지도 않다.

제대로 이해하기보다는 단순히 많이 암기하는 방식으로 공부하는 아이들이 있다. 이 경우 많이 외워도 이해하지 못하면 구조화하지 못하기 때문에 단기 기억에만 어느 정도 효과가 있을 뿐이다. 그래서 문제를 약간만 바꿔도 제대로 풀 수 없게 된다. 더구나 최근의 교육 평가 방식은 단순히 암기하는 방식으로는 해결할 수 없는 문제들이 많다. 이러한 문제들을 해결하려면 제대로 이해하고 기억을 재구성하는 인출의 구조화 훈련이 필요하다.

백지인출의 마지막 세 번째 장점은 알고 있는 내용과 모르는 내용을 명확히 한다는 점이다. 내가 모르는 부분, 머릿속에 자리 잡지 못한 내용을 명확히 알 수 있게 해준다. 이렇게 되면 내가 제대로 알지 못하는 부분을 찾아보게 되고 그 부분을 채울 수 있다. 공부는 모르는 부분을 알아가는 과정인데 내가 알고 있는 것과 모르는 부분을 제대로 파악하지 못한다면 이는 제대로 된 학습이 될 수 없다.

학생들에게 복습을 권장하는 이유는 배운 내용을 잊지 않고 다시 한번 정리하기 위해서다. 그런데 그냥 눈으로 읽고 끝내는 방식으로는 제대로 복습이 되지 않는다. 백지인출은 학습한 내용을 오래 기억

하고, 구조화하며, 아는 것과 모르는 것을 명확히 하는 공부습관 훈
련법이다.

마인드맵: 종합적 사고를 만들어라

백지인출을 마쳤다면 이제 백지인출을 바탕으로 이를 마인드맵으로 구성하는 것이다. 마인드맵(Mind Map)은 마치 지도를 그리듯이 알고 있는 내용을 계층화하여 연결하는 과정이다. 백지인출이 정보를 단순히 나열하는 방식이라면, 마인드맵은 중간에 주제를 잡고 꼬리에 꼬리를 물고 내려오는 방식으로 직관적인 이해를 도와준다.

마인드맵을 그리는 방법은 아래와 같다.

1. 종이의 중심에서 시작한다.
2. 문장이 아닌 키워드를 주로 사용한다.
3. 생각을 나타내기 위해 도형이나 이미지를 사용한다.
4. 흐름에 따라 구부리고 가지를 만든다.

5. 중심에서 주가지로, 주가지에서 부가지로 연결한다.

마인드맵의 이해를 돕기 위해 위의 1번부터 5번까지의 과정을 마인드맵으로 그려보면, 아래와 표현할 수 있다.

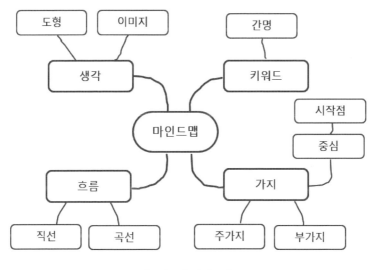

[그림4-5] 마인드맵

'[그림4-5] 마인드맵'을 보면 '마인드맵'이란 핵심주제를 중앙에 배치하고, 이를 바탕으로 주요 키워드를 배치한 후 그와 연관된 세부

키워드를 두었다. 그리고 이를 이해하기 쉽도록 각 키워드를 직선이나 곡선으로 연결하였다. 이렇게 함으로써 '마인드맵을 그리는 방법'의 내용을 한눈에 이해하고 내용의 흐름을 알 수 있다.

예시의 마인드맵은 저자가 이해를 돕기 위해 그려본 것으로, 이것만이 정답은 아니다. 마인드맵은 각자의 생각에 따라 도형이나 선을 달리할 수도 있고, 도형의 모양이나 색을 달리 표현할 수도 있다. 같은 주제라도 각자의 이해 방식에 따라 마인드맵은 달라진다.

마인드맵이 유용한 이유는 전체적인 흐름과 맥락을 이해할 수 있기 때문이다. 공부는 단순히 많이 암기하는 것보다 전체적인 흐름과 맥락을 짚는 능력이 더 중요하다. 그래야만 학습한 내용이 머릿속에서 쉽게 정리되어 저장된다. 이러한 흐름과 맥락을 모르면, 많은 내용을 알고 있더라도 새로운 형태의 문제가 등장했을 때, 이를 어디에 어떻게 적용해야 할지 문제해결의 능력이 떨어진다. 흐름과 맥락을 이해하고 문제해결 능력을 향상시키는 공부 훈련이 바로 마인드맵이다.

마인드맵의 또 다른 장점은 인간의 사고방식을 그대로 옮겨놓았다는 점이다. 인간은 무엇인가를 기억하려 할 때 알고 있는 내용을 분류하여, 큰 분류에서 작은 분류로 내려가는 탑다운 방식을 주로 사용한다. 이러한 기억방식을 문서화시킬 수 있는 가장 직관적인 도구가 마인드맵이다.

마인드맵으로 정리하면 빠르게 내용을 파악하는 장점도 있다. 여러 페이지의 글도 마인드맵을 활용하면 한 페이지로도 정리할 수 있다. 따라서 학습한 내용을 보다 직관적으로 한눈에 볼 수 있도록 학습 지도를 그리는 것이 마인드맵이다.

마인드맵은 얼핏 보면 쉬워 보일 수도 있다. 하지만 머릿속에 큰 지도를 떠올리고 그 개념들을 분류하고 정리하여, 이를 이어간다는 것이 절대 쉽지만은 않다. 처음엔 개념이 머릿속에 있어도, 이를 어떻게 분류하고 연결할지 감을 잡기도 어렵다. 마인드맵을 하려면 학습한 내용을 기억하고, 사고하고, 분석하는 다양한 근원 능력이 요구된다. 자신이 알고 있는 지식과 다양한 근원 능력을 동원하는 종합적 사고가 필요한 것이다. 마인드맵은 이러한 종합적 사고 능력을 기르는 공부 훈련법이다. 이러한 능력을 갖추지 못하면, 개념을 알아도 여러 개념이 섞여 있으면 이를 쉽게 해결하지 못한다.

최근의 학교 시험들은 여러 단원에 걸친 다양한 개념이 한 문제에 녹아 있는 경우가 많다. 따라서 이런 문제들은 이미 개념을 알고 있더라도 바로 해결하지 못할 수 있다. 개념을 알고 있어도 풀이에 곧바로 적용할 수 있는 문제들이 아니기 때문이다. 이를 해결하는 방법은 종합적 사고력을 길러야 한다. 마인드맵 훈련으로 종합적 사고력을 기를 수 있다.

  지금까지 습관테마에 대해 알아보았다. 학습의 근원능력과 기본의 중요성도 살펴보았다. 그리고 공부습관 만들기를 위하여 추천 테마인 독서, 백지인출, 마인드맵을 연계함으로써 얻을 수 있는 효과에 대해서도 알았다. 이제 습관테마를 바탕으로 공부습관을 설계할 차례다. 다음 장에서는 습관설계에 대해 알아보자.

#집중력을 길러주는 뽀모도로 학습법

공부습관테마로 저자의 공부습관캠프에서도 활용하고 있는 '뽀모도로(Pomodoro) 학습법'을 소개하려고 한다. 뽀모도로 학습법은 이탈리아의 소프트웨어 개발자 프란체스코 시릴로(Francesco Cirillo)가 고안한 학습법이다. 〈유 퀴즈 온 더 블럭〉이라는 예능프로그램에도 소개되어 화제가 된 적이 있다. 뽀모도로는 이탈리아어로 토마토를 뜻한다. 뽀모도로 학습법이라고 불리게 된 이유는 시실로가 처음이 학습법을 고안할 때 토마토 모양의 주방 타이머를 사용했기 때문이다.

뽀모도로 학습법의 과정은 아래와 같다.

1. 25분 동안 집중하여 주어진 학습 과제를 수행한다.

2. 5분 동안 쉬면서 집중력을 회복한다.

3. 25분의 집중과 5분 휴식의 과정을 네 번 반복한다.

4. 네 번의 반복이 끝나면 30분 동안 충분히 휴식한다.

이때, 25분 집중하고 5분 휴식하는 한 번의 사이클을 '1 뽀모도로'라고 한다. 집중력을 유지하기 위해, 네 번의 뽀모도로를 완료할 때마다 30분간 휴식을 취한다. 사람의 뇌는 휴식 없이 한 가지 작업에 완전히 몰두하기 어렵다. 그러므로 짧은 시간의 공부와 휴식을 반복하면 집중력을 높게 유지할 수 있다. 이런 생각에서 출발한 것이 뽀모도로 학습법이다.

[그림4-6] 뽀모도로 타이머

뽀모도로 학습법을 활용하면 다음과 같은 장점이 있다.

첫째, 집중력을 높일 수 있다. 공부가 익숙하지 않은 아이들도 25분 정도는 쉽게 집중할 수 있다. 이때 주변의 방해 요소를 차단하고 오직 학습 과제에만 집중해야 한다. 이러한 과정을 반복함으로써 점차 집중력이 향상된다.

둘째, 학습효율을 높일 수 있다. 25분 동안 집중하여 학습한 후에는 5분 동안 휴식을 취한다. 잠깐의 휴식을 취함으로써 다시 집중력을 회복하게 된다. 그러면 쉬지 않고 50분간 이어서 학습하는 것보다 효율이 훨씬 높아진다.

셋째, 공부습관을 형성할 수 있다. 뽀모도로 학습법은 정해진 시간 동안 학습을 반복하는 방식이다. 이러한 과정을 반복함으로써 공부습관을 형성하는 데 도움이 된다.

뽀모도로 학습법을 제대로 활용하려면 몇 가지 유의해야 할 점이 있다. 먼저 학습 과제를 명확히 해야 한다. 뽀모도로 학습법은 한 가지 일에 집중하여 학습하는 것이 기본이다. 따라서 학습 과제를 명확히 하고 그에 맞는 목표를 설정해야 한다.

주변의 집중력을 방해할 수 있는 요소는 모두 제거해야 한다. 5분의 휴식 시간은 단순히 휴식을 취하는 것이 아니라 집중력을 회복하는 시간이다. 따라서 이 시간 동안 스트레칭이나 가벼운 운동을 하거나 잠시 눈을 감고 휴식을 취하는 것이 좋다.

최근에는 뽀모도로 기법이 유명해지면서 뽀모도로 용 타이머 기기를 쉽게 구할 수 있다. 뽀모도로 관련 무료 앱도 많으니 이를 이용하면 매우 편리하다. 뽀모도로 학습법은 누구나 쉽게 실천할 수 있는 효과적인 학습법이다. 집중력을 높이고, 학습효율을 높이고 싶다면 뽀모도로 학습법을 적극적으로 활용해 보기 바란다.

#사고력을 길러주는 하브루타 공부법

공부습관캠프에서 활용하고 공부습관테마로 하브루타 공부법에 대해서도 알아보자. 하브루타 공부법은 유대인들이 『탈무드』를 공부할 때 주로 사용한 공부법으로 알려져 있다.

하브루타 공부법은 아이들끼리 짝을 이루어 서로 질문하고 대답하며 토론하는 학습법이다. 이 학습법의 핵심은 질문과 설명이다. 학습한 내용을 질문하면서 자신의 이해도를 확인할 수 있다. 그리고 설명 과정에서 자신의 부족한 부분을 보완할 수 있다.

질문과 설명을 제대로 하려면 먼저 학습 내용에 대한 자기 생각을 정리해야 한다. 이 과정에서 자기주도학습 능력을 높일 수 있고, 뇌를 활성화해 기억력, 사고력, 창의력, 집중력 등을 향상시킬 수 있다.

미국의 NTL(National Training Laboratories)에서는 7가지의 공부 방법의 효과를 비교하는 실험을 진행하였다. 7가지의 공부 방법은 강의 듣기, 읽기, 시청각수업 듣기, 시범강의 보기, 집단토의, 실제 해 보기, 서로 설명하기 등이었다.

실험대상의 학생들을 그룹으로 나누어 각각의 방식으로 24시간 동안 공부하도록 하였다. 그리고 다음 날 학습효과의 정도를 비교하는 실험이었다. 이렇게 나온 결과가 피라미드 그림이다.

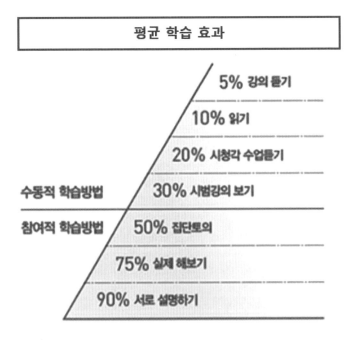

[그림4-7] NTL 학습효과 실험결과

자녀들이 학교나 학원에서 가장 많이 활용하는 '강의 듣기'의 학습효과는 5%에 불과했지만, 하브루타의 학습효과는 무려 90% 달하였다. 하버드 대학의 연구 결과에서도 하브루타 학습법이 주입식 교육보다 14배의 효과를 거둘 수 있는 것으로 나타났다.

우리 교육은 주로 선생님이 앞에서 설명하고 아이들은 이를 받아들이는 수용적인 방식으로 수업이 진행된다. 이러한 수용적 학습의 문제는 학습 과정에서 아이들의 생각이나 의견이 배제된 채 한 방향으로만 지식이 전달된다는 점이다.

자녀들이 앞으로 활동할 4차산업혁명 시대에는 인공지능이 보편화 되어 단순히 지식을 많이 암기하는 것은 그다지 중요하지 않다. 넘쳐나는 지식과 정보를 모두 암기한다는 것도 어렵지만, 필요할 때 언제든 정보를 찾아 활용할 수 있기 때문이다. 앞으로는 지식의 양보다 이를 제대로 활용하는 창의력과 사고력이 더 중요하게 된다. 하브루타 공부법은 이러한 능력을 기르는 데 도움을 주는 공부법이다.

하브루타 공부법은 짝을 이루어서 하는 공부법이지만 혼자 하는 공부에 활용해 볼 수 있다. 학습을 마치게 되면 자신에게 던질 질문을 만든다. 이때 이해되지 않았거나 궁금한 것을 중심으로 질문을 만드는 것이 좋다. 이렇게 만들어진 질문에 답을 생각하고 정리하여 글이나 말로 표현해 본다. 이렇게 하면 혼자서도 하브루타 공부법을 활용하여 공부할 수 있게 된다.

다만 하브루타 공부법은 상호 간에 질문과 설명을 주고받는 공부법이기 때문에 혼자 하게 되면 피드백을 받지 못하는 단점은 있다. 그럼에도 이를 활용한다면 학습한 내용을 제대로 이해하여 학습능력이 향상되는 좋은 공부법이다.

소개한 방법을 참고하여 하브루타 공부법을 실천해보자.

제5장

습관의
프레임에
넣어라

습관설계

Step 4
습관에 추진력을
부여하는 기술

STUDY HABIT
SYSTEM

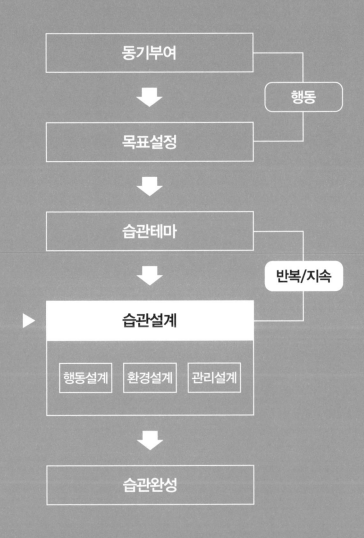

STUDY HABIT
SYSTEM

공부습관설계의 3가지 원리

동기부여를 바탕으로 목표를 설정하고 공부습관의 테마까지 정하였다면 이제 공부습관을 위한 큰 틀은 갖춰졌다. 이제 이를 반복하고 지속하여 습관으로 만들기 위한 구체적인 설계가 필요하다. 그 과정이 바로 습관설계이다.

습관설계는 행동설계, 환경설계, 관리설계, 이렇게 세 가지로 나눌 수 있다. 먼저 행동설계는 습관으로 만들 구체적인 행동을 계획하는 과정이다. 그리고 환경설계는 설계된 행동대로 실천하도록 환경을 계획하는 과정이다. 마지막으로 관리설계는 이를 지속할 수 있도록 관리방법을 계획하는 과정이다.

제1장에서 다뤘던 습관의 정의와 행동패턴의 개념을 다시 한번 점검해보자. 먼저 습관이란 '어떠한 행동을 반복함으로써 특정 신호에 자동으로 반응하는 행동 양식'이다. 그리고 행동패턴은 일반 행동패

턴과 습관의 행동패턴이 있다. 일반 행동패턴은 신호 → 반응 → 행동의 단계로 이루어진다. 그리고 습관의 행동패턴은 신호 → 반응 → 행동 → 보상이라는 네 단계의 반복적인 사이클이다.

이제 '[표5-1] 상황에 반응하는 행동'의 내용을 살펴보자. 표의 좌측은 상황 즉, 신호에 해당하는 항목이고, 표의 우측은 그에 반응하는 행동의 항목이다. 좌측의 신호에 반응하여 우측의 행동이 이루어진다.

상황(신호)	행동
독서실에 있다.	공부한다.
밤 10시다.	침대에 눕는다.
식사를 마쳤다.	커피를 마신다.

[표5-1] 상황에 반응하는 행동

먼저 첫 번째 예를 보자.

A와 B라는 학생이 각각 독서실에서 공부하고 있다. A라는 학생은 처음 독서실에 왔으나, 독서실이라는 공간적 상황이 동기를 유발하여 공부하고 있다. 그리고 B라는 학생은 원래 이 독서실에서 공부하

던 습관을 지니고 있어, 평소의 습관대로 공부하고 있다.

이처럼 A와 B라는 학생은 모두 독서실이라는 '상황(신호)'에 반응하여 공부라는 '행동'을 하고 있다. 그러나 이 두 학생이 공부하고 있는 행동의 패턴은 다르다. A라는 학생은 동기에 의한 '일반 행동패턴'이고, B라는 학생은 습관에 의한 '습관의 행동패턴'이다.

나머지 예도 마찬가지다. 같은 신호에 반응한 행동이라도 동기에 기반을 둔 일반 행동패턴일 수도 습관의 행동패턴일 수도 있다. 밤 10시라는 상황(신호)이 동기를 유발하여 침대에 누울 수도, 밤 10시에 자던 습관으로 인해 침대에 누울 수도 있다. 또 식사를 마친 상황(신호)이 동기를 유발하여 커피를 마실 수도, 원래 식사 후 마시던 습관으로 인해 커피를 마실 수도 있다.

이처럼 어떠한 상황(신호)에 반응한 같은 행동이라도 반응의 원인은 동기일 수도 있고, 습관일 수도 있다. 다만 제2장에서 살펴본 바와 같이 동기는 매우 불안정하여 쉽게 사라져 버린다. 오늘은 독서실이라는 공간적 상황이 A라는 학생에게 공부 동기를 부여했지만, 내일은 동기가 사라져 스마트폰만 만지게 될 수도 있다. 이처럼 동기는 불안정하지만, 습관은 안정적이고 일관되게 행동하도록 한다.

동기로 시작한 행동일지라도 이를 반복하고 지속하면 습관이 된다.

따라서 A라는 학생이 처음엔 독서실이라는 상황에 반응하여 공부를 시작하였지만, 이를 반복하고 지속한다면 공부습관이 만들어진다.

동기로 시작한 행동을 반복하고 지속하도록 만들기 위하여 시스템을 설계하는 과정이 바로 습관설계이다. 이러한 습관설계의 구조와 방법을 요약해보면 '[그림5-1] 습관설계의 구조'와 같다.

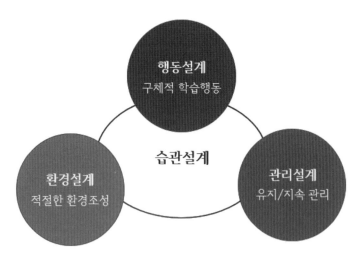

[그림5-1] 습관설계의 구조

행동설계: 습관으로 만들 '공부행동'과 '상황'을 매칭한다.

환경설계: 공부행동을 반복하도록 환경을 유도하고 차단한다.

관리설계: 공부행동을 지속하도록 관리한다.

이 세 가지 설계 요소가 유기적으로 협력하여 공부행동을 반복하고 지속하도록 만든다. 각각의 구체적인 설계방법은 뒤에서 자세히 알아본다.

습관설계에서 행동설계는 습관으로 만들려는 구체적인 행동을 계획하는 과정이다. 습관테마를 결정하는 단계를 거치면서 공부의 주제는 이미 갖추었다. 행동설계는 이를 좀 더 구체화하여 직접적인 행동을 계획하는 과정이다. 행동설계는 습관으로 만들 행동과 그에 맞는 적절한 상황을 매칭한다.

매일 복습하는 것을 습관으로 만들기 위하여 '행동설계'를 한다면, '매일 그날 배운 것을 복습하겠다.'라는 방식으로 설계해서는 안 된다. 이 설계에는 '복습하겠다.'라는 행동만 있고, 상황은 매칭되어 있지 않다. 이를 '매일 저녁을 먹고 나면, 내 방에서 그날 배운 것을 복습하겠다.'라고 설계한다면 이는 제대로 된 행동설계이다. 여기서 '매일 저녁을 먹고 나면'과 '내방에서'는 상황이고 '그날 배운 것을 복습하겠다.'라는 것은 습관으로 만들려는 행동이다. 이처럼 **행동설계는**

적절한 상황과 습관으로 만들려는 행동을 매칭하는 것이다.

습관의 행동패턴에서 알아본 바와 같이 습관은 신호에 반응하여 자동으로 행동한다. 따라서 상황이라는 신호와 이에 반응할 행동을 매칭하는 것이다. 예로 든 행동설계대로 습관이 만들어지면 '저녁을 먹고 내 방에 있다.'라는 상황(신호)에 반응하여 '그날 배운 것을 복습하는' 행동으로 이어지는 것이다. 이때 상황이 적절할수록 행동을 반복하고 지속하기가 쉬워진다.

상황의 의미를 제대로 이해할 필요가 있다. 습관의 행동설계에서 말하는 상황이란 시간과 공간을 의미한다. 이는 물리적 시간과 공간만을 의미하는 것이 아니라, 심리적 시간과 공간까지 포함한다. 물리적 시공간과 심리적 시공간의 의미가 조금 어렵게 다가올 수도 있다. '[표5-2] 물리적 심리적 시공간'을 보면 쉽게 이해할 수 있다.

구분	시간	공간
물리적	아침 8시 저녁 7시	스타벅스 카페
심리적	집에 왔을 때 밥을 먹은 후	조용한 곳 맛집

[표5-2] 물리적 심리적 시공간

표에서 보여지듯 물리적 시공간은 '아침 8시', '저녁 7시'처럼 우리가 익히 알고 있는 객관적인 시간과 '스타벅스', '카페'와 같은 객관적인 공간을 의미한다. 반면에 심리적 시공간이란 '집에 왔을 때', '맛집'처럼 개인의 주관적인 시공간을 뜻한다. 행동설계의 상황이 심리적 시간과 공간까지 포함한다는 것은, 이처럼 주관적인 시공간을 매칭하여 설계하는 것도 가능하다는 의미이다.

만일 '매일 저녁 8시에 내 방에서 공부하겠다.'라고 '행동설계'를 하였다면 '저녁 8시'는 물리적 시간이고, '내 방'은 물리적 공간이다. 하지만 '매일 저녁 식사 후에 조용한 곳에서 공부하겠다.'라고 '행동설계'를 하였다면 '저녁 식사 후'는 심리적 시간이고, '조용한 곳'은 심리적 공간이다.

행동설계의 상황을 설명하면서 물리적 시공간과 심리적 시공간의 의미를 자세히 설명한 이유가 있다. 사람들은 '행동설계'를 할 때 물리적 시공간만을 행동에 매칭하는 경우가 많기 때문이다. 아이들의 생활계획표도 대부분 물리적 시간을 기반으로 되어 있다.

물론 아이들의 학교생활이나 일상생활의 대부분은 물리적 시공간에 맞추어져 돌아간다. 그래서 물리적 시공간을 기준으로 '행동설계'를 하는 것이 수월하긴 하다. 그러나 물리적 시공간만으로 '행동설계'

를 하면 불리한 측면이 있다. 물리적 시공간은 변수가 많이 발생하기 때문이다.

만일 '매일 저녁 9시에 씻는다.'라고 계획한 아이와 '매일 집에 오면 씻는다.'라고 계획한 아이가 있다면, 전자보다 후자의 아이가 습관으로 만들어질 가능성이 크다.

물리적 시간의 경우 의도치 않은 일이 발생하여 계획대로 행동하지 못할 가능성이 있다. 가령 어떤 날은 학원이 늦게 끝날 수 있고, 또 어떤 날은 가족끼리 외식을 할 수도 있다. 이렇게 되면 저녁 9시를 넘기게 되어 계획대로 행동하지 못하게 된다.

그러나 심리적 시간으로 계획한 후자의 경우, 집에 오는 시간이 매일 달라지더라도 '집에 오면 씻는다.'라는 계획대로 행동하는 것이 가능하다. 변수가 작기 때문이다. 따라서 심리적 시간으로 '행동설계'를 한 후자의 아이가 습관을 만들 가능성이 크다.

이는 공간도 마찬가지다. 특정 물리적 공간만을 고집하게 되면 변수가 많다. 이 역시 의도치 않게 계획된 공간에 있지 못하는 변수가 많이 발생한다. 따라서 계획대로 행동하지 못할 수 있고, 습관으로 만들기 어려워진다.

물리적 시간이나 공간으로 계획하는 것이 무조건 나쁘다는 것은 아니다. 하지만 너무 물리적 시공간에 맞추기보다는 생활 방식을 고려하여 물리적, 심리적 시공간을 균형 있게 계획하는 것이 좋다.

우리는 생활 계획을 잡을 때 '몇 시에 무엇을 하겠다.'라고 시간만을 기준으로 계획하는 경향이 있다. 그러나 행동을 설계할 때는 시간과 공간을 함께 계획하는 것이 효과적이다. 습관은 시간뿐 아니라 공간에도 반응하기 때문이다.

예를 들어보자. 일정한 시간에 같은 장소에서 잠을 자던 사람이 갑자기 잠자리가 바뀌면 잠을 설치는 경우가 많다. 이는 자신이 늘 자던 장소가 습관의 공간으로 반응하고 있기 때문이다.

이와 반대로 원래 자던 시간이 아닌데도 침실에만 있으면 졸리다. 이 역시 침실이라는 공간이 습관의 공간으로 반응하는 것이다. 이처럼 습관의 상황(신호)은 시간뿐만 아니라 공간에도 반응한다.

따라서 행동을 설계할 때는 시간적, 공간적 상황을 같이 설계하는 것이 좋다. '언제 무엇을 한다.'가 아니라 '언제 어디서 무엇을 한다.'라고 설계하는 것이다.

세 가지의 습관설계 중 행동설계를 먼저 알아봤다. 행동설계는 구체적인 행동과 그에 맞는 적절한 상황을 매칭하는 과정이다. 이때의 상황은 습관의 행동패턴에서 신호에 해당한다. 따라서 신호에 잘 반응할 수 있도록 적절한 상황의 매칭이 중요하다.

환경설계: 자연스럽게 유도하고 차단해라

미국 펜실베니아 대학의 심리학자 크리스티안슨(Christopher F. Christensen)의 연구진은 고등학생들을 대상으로 한 가지 실험을 진행하였다. 이 실험은 학생들을 두 그룹으로 나누어 그룹별로 한 가지 조건을 주고, 일주일 동안 학업 목표를 얼마나 달성하는지를 평가하는 것이었다.

한 그룹에게는 자신의 주변에 학습에 방해되는 것을 모두 없애도록 지시하였다. 방에서 학습에 방해가 되는 물건을 모두 치우도록 하였고, 공부할 때는 다른 일로 신경 쓰지 않도록 주의하라고 하였다.

다른 그룹에게는 학습에 방해되는 유혹에 빠질 때 의지력으로 극복하는 것을 훈련하여 보라고 지시하였다. 공부할 때 TV를 보거나 스마트폰을 사용하고 싶은 유혹을 느꼈을 때, 이를 의지력으로 극복하고 공부에 집중하도록 하였다.

그렇게 일주일이 지난 후 학생들이 얼마나 학습목표를 달성했는지 조사하였다. 결과는, 학습에 방해되는 것을 모두 없애도록 지시한 그룹이 더 높은 학습목표를 달성하였다.

이 연구는 의지력으로 효과적인 목표를 이루기가 쉽지 않다는 점을 시사한다. 환경의 변화를 주어 신호를 회피하는 쪽이 유혹의 연결고리를 끊어내는 데 더 효과적임을 보여준다. 이러한 결과는 다른 연구에서도 일관되게 나타난다.

인간은 행동할 때 에너지 소비를 최소화하는 방향으로 움직인다. 인간은 적은 노력으로 최대의 효과를 얻으려는 본성을 가지고 있다. 따라서 유사한 결과를 내는 여러 방법이 있다면, 좀 더 쉬운 쪽을 선택한다. 목적지에 가기 위해 잘 닦인 길이 있다면, 굳이 험한 밀림을 헤치고 가지 않는다. 따라서 어떤 이를 원하는 방향으로 이끌고 싶다면, 쉽게 갈 수 있는 길을 터주면 된다.

환경설계는 도움이 되는 환경은 유도하고 방해되는 환경은 차단하는 것을 말한다. 즉 공부습관에 쉽게 갈 수 있도록 길을 터주는 것이다. 예를 들어, 공부방의 조명이나 책상을 집중하기 좋은 것으로 바꿔준다면 환경의 유도이다. 스마트폰의 유혹에 빠지지 않도록 엄마가 자녀의 스마트폰을 맡아둔다면 환경의 차단이다.

앞에서 알아본 바와 같이 습관의 행동패턴은 신호, 반응, 행동, 보상의 단계로 진행된다. 여기서 신호는 행동을 유발하는 트리거(Trigger)로 작동한다. 환경설계는 도움 되는 신호를 유도하고, 방해되는 신호를 차단하여, 행동에 매칭된 상황이 조성되도록 계획하는 과정이다.

습관설계에서 상황은 시간과 공간을 의미한다. 따라서 환경설계를 할 때도 시간과 공간을 기준으로 설계해야 효과적이다.

간단한 예를 들어보겠다. '자녀가 저녁 8시부터 2시간 동안 자기 방에서 공부하기'라고 '행동설계'를 했다고 가정해 보자. 여기서 '저녁 8시부터 2시간'은 시간적 상황이고, '자기 방'은 공간적 상황이 된다. 이를 기준으로 엄마의 관점에서 '환경설계'를 한다면 아래와 같이 할 수 있다.

[시간 기준 환경설계]

상황유도: 엄마도 저녁 8시부터 2시간 동안 같이 책을 읽는다.

상황차단: 저녁 8시부터 2시간 동안 자녀의 휴대전화를 엄마가 보관한다.

[공간 기준 환경설계]

상황유도: 자녀 방의 책상과 조명을 공부에 적합한 것으로 교체한다.

상황차단: 공부에 방해되는 물건들을 자녀 방에서 거실로 옮긴다.

이처럼 시간과 공간을 기준으로, 도움이 되는 환경은 유도하고, 방해되는 환경은 차단하는 계획을 세운다. 환경설계는 공부습관이 만들어지도록 지속할 수 있는 환경을 조성하는 것이다.

청소년기 아이들에게 환경이 미치는 영향을 알아보는 연구가 있다. 1990년대 중반 미국 정부는 빈곤 탈출 실험에 착수했다. 환경에 변화를 주어 가난한 가정에서 빈곤을 대물림하는 현상을 끊어 보겠다는 야심 찬 프로젝트였다. 추첨을 통해 가난한 동네의 4,600가구를 뽑아 이들을 중산층이 사는 동네로 이사시켰다.

과연 이렇게 이주한 가정들은 뭔가 달라졌을까? 하버드 대학의 라즈 체티(Raj Chetty)와 나타니엘 헨드런(Nathaniel Hendren) 교수는 이 4,600가구를 대상으로 프로젝트의 성공 여부를 추적 조사했다. 그 결과, 중산층이 사는 동네로 이사한 가정의 자녀는 대학 진학률이 훨씬 높았고, 평균 소득도 31%나 더 높았다.

연구팀은 이 결과에 고무되어 분석 대상을 확대했다. 무려 17년 동안 중산층 동네로 이사한 500만 명의 아이들을 분석하였다. 최종 분석 결과 거주지역과 사회적 성공 사이에는 매우 밀접한 관계가 있는 것으로 나타났다. 하지만 연구팀은 이러한 영향을 준 요인이 무엇인지에 대해서는 명확한 결론을 내리지 못했다. 환경은 몇 가지 요인으로 설명되지 않기 때문이다.

이처럼 환경은 명확한 규칙이 있는 것이 아니다. 자녀가 공부할 수 있는 환경을 자연스럽게 조성해야 한다. 그러면 자연스럽게 자녀의 공부습관은 만들어진다.

관리설계: 멀면 당근을, 가까우면 채찍을

　중학생 자녀를 둔 혜진이 엄마와 수현이 엄마가 있다. 기말고사가 얼마 남지 않은 상황에서 자녀들의 성적 향상을 위해 고민 중이다. 그리고 각자 다른 방법을 생각해낸다.

　혜진이 엄마는 혜진이가 얼마 전부터 스마트폰을 신형으로 바꿔달라고 졸라대던 것이 떠올랐다. 그래서 이번 기말고사에서 평균 90점을 넘으면 신형 스마트폰을 사주겠다고 약속한다. 반면 수현이 엄마는 수현이가 평소 등산을 매우 싫어하는 걸 알고 있다. 수현이 엄마는 이번 기말고사에서 평균 90점을 넘지 못하면 엄마와 등산을 해야 할 거라고 선언하였다.

　혜진이 엄마는 혜진이가 원하는 걸 해 주겠다고 약속하였고, 수현이 엄마는 수현이가 싫어하는 것을 하겠다고 압박한 것이다. 과연 어떤 방법이 더 효과적일까?

이는 인간이 이익과 손해 중 어떤 것에 더 민감하게 반응하는지에 대한 개념이다. 흔히 말하는 당근과 채찍 전략이다. 심리학에서는 당근 전략을 '접근동기', 채찍 전략을 '회피동기'라고 한다.

앞서 살펴본 습관의 행동패턴, 마지막 단계가 보상이므로, 당근 전략이 더 효과적이라고 생각할 수도 있다. 그러나 접근동기와 회피동기는 모두 보상이 될 수 있다. 직접적인 이익만이 보상이 아니라, 처벌을 피하는 것도 보상이기 때문이다.

접근동기와 회피동기의 효과성에 대해서는 심리학자들 사이에서도 오랜 논쟁거리였다. 이는 마치 성선설과 성악설의 대립과도 같았다. 그동안 학자들의 약 70%는 접근동기가 행동을 유도하는 데 더 유리하다고 생각했다. 반면 약 30%의 학자들은 회피동기가 더 유리하다고 생각했다.

최근에 이러한 논쟁이 종결되었다. 접근동기와 회피동기 중 어떤 방법이 더 효과적인지 결론이 난 것이다. 최종 결론은 상황에 따라 접근동기가 유리할 수도, 회피동기가 유리할 수도 있다는 것이다. 아마 결론 난 것이 맞냐고 묻고 싶은 독자가 있을지도 모르겠다.

'[그림5-2] 접근동기와 회피동기'의 그래프를 보면 어떤 결론인지 쉽게 이해할 수 있다. 그래프에서 말하는 상황은 현재로부터의 시간을 의미한다. 결과가 나오기까지 시간이 오래 걸리는 경우라면 접근 동기를 유도하는 것이 효과적이다. 반면에 결과가 빨리 나오는 경우라면 회피동기를 유도하는 것이 더 효과적이다.

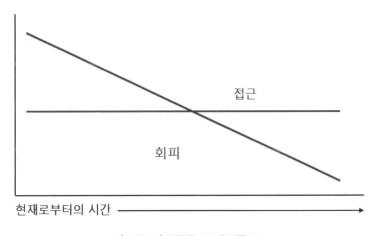

[그림5-2] 접근동기와 회피동기

인간이 이러한 반응을 보이는 것은 오랜 진화 과정에서 터득한 생존의 원리 때문이다. 생존에 유리한 것은 조금 늦게 반응해도 상관없었지만, 생존에 위협이 되는 것은 가능한 한 빨리 회피해야만 살아남았기 때문이다.

공부는 결과가 나오기까지 오랜 시간이 걸리는 과정이다. 따라서 자녀의 공부습관을 만드는 데는 회피동기보다 접근동기로 접근하는 것이 좀 더 효과적이다. 수현이 엄마는 회피동기 전략을 사용했지만, 혜진이 엄마는 접근동기 전략을 사용했다. 이 경우, 혜진이 엄마가 더 효과를 보았을 것이다.

다만, 자녀의 공부습관을 만드는 데 접근동기가 항상 효과적인 것은 아니다. 자녀가 당장 오늘 해야 할 일을 하지 않았다면 그때는 바로 제재를 가하는 회피동기가 더 효과적이다. 따라서 상황에 따라 각기 다른 방법을 사용해야 한다. 결과가 빨리 나오는 일이라면 회피동기를, 결과가 나오기까지 오래 걸리는 일이라면 접근동기를 유도하는 것이 유리하다.

관리설계는 이러한 접근동기와 회피동기를 관리의 틀로 활용하여 자녀의 공부습관을 위한 관리의 방법을 설계하는 과정이다. 앞서 살펴본 환경설계가 자연스럽게 공부를 유도하는 것이라면 관리설계는 당근과 채찍을 활용하는 것이다.

제6장

공부습관의
완성 로드맵

Step 5
성공으로 이끄는
실천 가이드

STUDY HABIT
SYSTEM

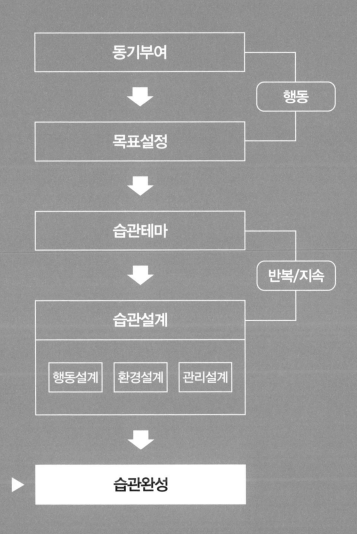

습관의 완성 21일, 66일, 40회의 법칙

공부습관시스템의 동기부여부터 습관설계까지 단계별로 알아보았다. 공부를 습관으로 만들기 위해서는, 이를 제대로 이해하는 것뿐만 아니라 실천으로 옮기는 것이 중요하다.

습관은 같은 행동을 반복하고 지속하다 보면 어느 순간 만들어진다. 그렇다면 습관이 만들어지기까지는 어느 정도의 시간이 필요할까?

여러 연구에 따르면, 습관이 각인되는 데에는 평균 21일이 걸린다. 다만 이는 평균적인 시간이므로, 사람과 환경에 따라 어느 정도 차이가 있을 수 있다.

미국의 의사 맥스웰 몰츠는 1960년대 그의 저서 『성공의 법칙』에서 '습관 21일의 법칙'을 처음 주장했다. 성형외과 의사였던 몰츠는 사고로 사지를 잃은 사람이 잘린 팔과 다리에 심리적으로 적응하는 기간을 연구하다 21일의 법칙을 내놓았다.

이 법칙은 이후 많은 심리학자와 의학자의 연구를 통해 체계화되었고 뇌과학적 연구로도 증명되었다. 습관을 뇌에 각인되려면 의심과 고정관념을 담당하는 대뇌피질, 두려움과 불안을 담당하는 대뇌변연계를 거쳐 습관을 관장하는 뇌간까지 신호가 전달되는데, 이 과정이 최소 21일 걸린다.

영국 런던대 필리파 랠리(Phillippa Lally) 교수팀은 "사람의 뇌는 충분히 반복되어 시냅스가 형성되지 않으면, 새로운 행동에 저항하게 되는데, 이는 아직 그 행동을 입력해 놓은 기억세포가 만들어지지 않았기 때문이다. 따라서 새로운 행동이 습관화되는 데는 최소 21일이 걸린다."라고 말하였다.

습관 21일의 법칙은 많은 심리학 치료에 적용되어 현재까지 이어지고 있다. 배재대 심리철학상담과 최애나 교수는 "실제 심리 치유 프로그램을 진행할 때도 한 단계당 3주 단위로 진행된다."라고 설명하고 있다. 여기서 21일은 연속적인 기간을 의미한다는 점을 기억해야 한다. 하루 이틀이라도 거르면 연속성이 떨어지게 되어, 처음부터 다시 21일의 시간이 필요할 수도 있다.

습관을 뇌에 각인하는 기간이 21일이라면, 습관을 완전히 몸에 적응시키려면 평균 66일을 이어가야 한다. 2009년 유럽 사회심리학 저널에는 영국 런던대학교 심리학과 제인 워들(Jane Wardle) 교수의 「습관의 형성과 행동 변화」라는 논문이 게재되었다. 해당 논문은 특정한 행동을 매일 같은 시간에 행동했을 때 습관이 자동화되기까지의 기간을 알아보는 연구였다.

제인 워들 교수 연구팀은 96명의 참가자를 대상으로 실험을 진행하였다. 행동을 얼마나 반복해야 생각이나 의지 없이 자동으로 반사 행동을 하게 되는지 알아보기 위해서였다.

연구팀은 이들에게 건강에 도움이 되는 행동 중 한 가지를 선택하게 한 뒤, 매일 반복하여 실천하도록 하였다. 실천 과제는 점심 식사 때 과일 한 조각 먹기, 점심 식사 때 물 한 병 마시기, 저녁 식사 전에 15분 뛰기 등이었다. 연구진은 이들이 매일 목표를 수행할 때 의무감이나 의지로 하는 것인지, 생각 없이 반사적으로 행동하게 되는지를 추적 조사했다.

연구 결과, 평균 66일이 지나야 자기 생각이나 의지 없이 자동으로 행동하는 습관으로 자리 잡게 되었다. 이때 복잡한 행동일수록 이를 습관으로 만드는 데 더 오랜 시간이 걸리는 것으로 나타났다. 운동하는 습관을 만드는 것이 식습관을 바꾸는 것보다 더 오래 걸렸다.

제인 워들 교수는 "개인차는 있지만, 66일 동안 매일 같은 행동을 반복하면 습관이 형성된다. 이후에는 상황이 만들어지면 자동적인 반응으로 행동하게 된다."며 연구 결과가 갖는 의미를 설명하였다.

한 가지 의문을 갖지 않을 수 없다. 위에서 소개한 연구들은 매일 같은 행동을 반복했을 때 습관이 만들어지기까지의 시간을 알아보는 연구들이었다. 하지만 사람들은 반드시 하루 단위로 습관적인 행동을 하는 것이 아니다. 예를 들어, 일요일마다 책을 읽는 습관을 만들기로 마음먹었다면, 이때도 21일이나 66일이 지나면 습관이 만들어지게 되는 것일까?

이러한 의문점을 해소해줄 「캐나다 퀘벡 헌혈자 습관」이란 연구가 있다. 이는 습관이 형성되기까지의 과정을, 시간이 아닌 횟수의 개념으로 접근한 연구이다.

연구진은 한 번 이상 헌혈한 사람들을 대상으로 설문을 진행하였다. 설문 내용은 헌혈 동기와 의도에 관한 것이었다. 헌혈은 건강상의 문제로 인해 정기적으로 반복할 수 있지만, 매일 할 수는 없다. 따라서 연구진은 정기적으로 헌혈하는 사람들이 헌혈에 습관적인 행동을 보이는지를 알아보고자 하였다.

조사 결과, 일반적으로 20회 이내의 초보 헌혈자들은 헌혈의 의도를 명확하게 설명하였다. 헌혈한 날은 명확한 이유가 있었고, 헌혈

계획이 없는 날은 헌혈하지 않았다. 그러나 20회 이상 헌혈한 중수 헌혈자들은 헌혈의 의도에 대해 얽매이지 않기 시작하였다.

헌혈 경험이 점점 늘어나자, 의도나 계획이 헌혈에 대한 의사결정 과정에 관여하는 정도가 점차 줄어들기 시작하였다. 평균 40회 이상 헌혈한 고수 헌혈자들은 더는 의도가 헌혈에 영향을 미치지 않았다. 그들은 늘 하던 대로 그냥 헌혈하러 갔다.

이 실험에서 주목할 점은 40이라는 숫자이다. 매일 반복하지 않더라도 정기적으로 일정 기간 일정 횟수를 반복하다 보면 습관이 만들어진다. 적어도 정기적인 행동을 40회 이상을 반복하게 되면 습관이 형성되는 것이다.

공부습관은 다른 어떤 습관보다도 만들기가 어렵다. 공부습관이 형성되려면 힘들더라도 일정 기간을 참고 견디어 내야 한다. 공부습관캠프에 입소했던 아이들을 관찰해 보면 공부습관이 형성되는 과정에서 세 번의 고비를 겪게 된다.

보통 입소 3일 차가 되었을 때 1차 고비가 찾아온다. 이때 아이들의 머릿속에는 '내가 과연 잘할 수 있을까?'라는 생각을 하게 된다. 흔히 말하는 작심삼일의 고비가 찾아온 것이다.

이때를 넘기고 7일 차가 되면 아이들은 '내가 제대로 하는 건가?'라는 의문이 생기며 2차 고비가 찾아온다. 이때부터는 자신과 싸움이 시작된다.

이 고비마저 넘기고 14일 차에 이르면 '이렇게 한다고 해서 나아질까?'라고 생각하는 3차 고비를 만나게 된다. 이미 보름이라는 시간을 나름대로 열심히 노력했지만, 그에 대한 성과(보상)를 눈으로 확인하기엔 아직 짧은 기간이기 때문이다.

이러한 고비들을 넘기고 21일을 넘기게 되면 어느 순간 '그래 할 수 있겠다.'라는 확신이 생기기 시작한다. 적어도 3주 정도가 지나면 뇌는 항복을 선언하고 자신의 지지자로 거듭나서 스스로 뿌듯해하며 자신감이 생기기 시작한다.

공부습관은 하루아침에 생기지 않는다. 21일, 66일, 40회 완성의 법칙을 거치다 보면 어느 순간 공부가 습관이 되어 있을 것이다.

상승곡선의 발화점을 넘겨라

　예전에 〈정글의 법칙〉이란 TV 프로그램이 있었다. 아프리카 등 오지에서 최소한의 장비만으로 생존하는 과정을 그린 리얼리티 예능프로그램이다. 당시 자주 나왔던 장면이 자연의 재료만으로 불을 피우는 장면이다.

　홈이 파인 나무에 뾰족한 나무를 넣고 회전시켜 마찰열을 이용하여 불을 지피는 방식이다. 원리는 간단하지만 더운 날씨에 땀을 뻘뻘흘리며 온 힘을 다해봐도 불을 지피기 어렵다. 여러 출연자가 돌아가며 한참을 하다 보면 연기가 피어오르면서 될 듯하다가도 계속 실패한다. 그러다 어느 순간 불이 붙는다. 드디어 발화점을 넘긴 것이다. 중대한 돌파구의 순간들은 대부분 이렇게 나타난다. 그전에 했던 행위들이 쌓이고 쌓여 어느 순간 발화점을 넘겨 마치 불이 붙듯 타오르는 것이다.

사람들은 커다란 변화에는 주목하지만, 작은 변화에는 주목하지 않거나 체감하지 못하게 된다. 작은 변화는 눈에 잘 띄지 않아 알아차리지 못할 때가 많다. 하지만 커다란 변화는 작은 변화들이 모여서 이룬 결과물이다.

공부습관을 만드는 과정도 그러하다. 하루아침에 갑자기 공부습관을 만들 수는 없다. 하루하루 작은 과정의 발전이 모여 시간이 지나 보면 큰 차이로 나타난다. 공부습관을 만드는 과정에서 발화점을 넘기기 전까지는 변화를 느끼지 못하거나 고통스러울 수 있다.

공부를 습관으로 만드는 과정은 단순히 시간에 비례하여 만들어지지 않는다. 발화점을 넘기듯 어느 순간 상승곡선을 그리며 습관으로 만들어진다. 공부습관 만들기를 시작했다고 해서 이것을 매일 느끼고 체감하기란 어렵다. 오늘 하루 공부를 열심히 한다고 갑자기 큰 변화가 생길 수는 없다. 아주 작은 변화가 있을 뿐, 그 결과가 당장 눈으로 나타나지 않는다. 그래서 쉽게 이전으로 돌아간다. 불행히도 공부습관의 변화는 이처럼 매우 느리게 나타난다.

해 뜨기 전이 가장 어둡다는 말이 있다. 해는 밤새도록 뜰 준비를 마쳤지만, 뜨기 직전까지는 아무 일도 일어나지 않는다. 새벽녘에는 별빛마저 희미해져 주위는 더 어둡다. 이처럼 중대한 돌파구는 이전까지 축적되었던 힘이 발휘되어 어느 순간 큰 변화를 일으킨다.

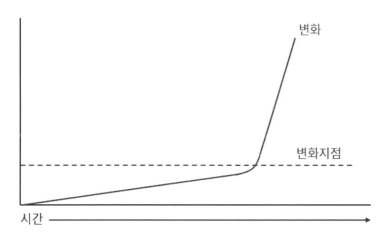

[그림6-1] 변화와 시간의 관계

공부습관을 만드는 과정도 변화의 지점에 다다르기 전까지는 큰 차이가 없는 것처럼 보인다. 금방 공부습관이 만들어질 거라 기대하다가 몇 주 동안 변화를 체감하지 못하면 낙심하기도 한다. 이제 곧 완성이라고 생각하기엔 갈 길이 아직 멀게만 느껴지기 때문이다.

공부습관을 만들기 어려운 이유는 이 때문이다. 매일 느끼는 변화가 작아서 눈에 보이는 결과가 없으니 몇 번의 고비가 찾아오면 그만

두는 것이다. 공부습관의 의미 있는 변화를 만들어내고 싶다면 '변화 지점'에 다다를 때까지 이러한 고비들을 넘겨야 한다. 열심히 하고 있는데 진전이 없다면 아직 발화점을 넘어서지 못한 것일 뿐이다. 해가 뜨기를 밤새 기다리고 있는데 왜 아무런 변화가 없냐고 불평하는 것과 같다.

열심히 하고 있다면 변화를 위한 힘이 축적되고 있다. 변화 지점을 돌파하면 주위 사람들은 갑자기 달라졌다고 말하게 될 것이다. 무엇이든 숙련되고 완성되기까지는 큰 인내심이 필요하다. 커다란 변화도 모두 작은 변화에서 시작한다. 자녀가 공부습관을 만들기로 마음먹었다면 이미 씨앗은 심어졌다.

공부 잘하고 싶은 열망이 없는 아이는 없다. 하지만 열망만 있고, 그것을 어떻게 이룰지에 대한 계획이 빠져 있다면 절대 이룰 수 없는 열망이 된다. 공부습관시스템은 공부습관이라는 결과를 만들어 낼 해법에 제시한다. 누구에게나 욕망은 있지만, 모두가 그것을 이루어 내지는 못한다. 이러한 차이는 어떻게 계획하고 실천하느냐의 차이다.

아직 자녀가 공부습관이 잡히지 않았다면 공부습관시스템으로 접근해 보자. 자녀는 변화하고 싶지 않아서가 아니라 변화할 수 없는 환경에 있었을 수도 있다. 공부습관을 계획하여 설계하고, 이를 실천하도록 하는 것이 이 책의 핵심이다. 물론 하루아침에 놀라운 결과를 이루어 낼 수는 없다. 작은 실천들이 모여 공부습관으로 만들어지고 결국 강력한 힘을 가지게 되는 것이다.

신뢰가 자녀의 학습능력을 결정한다

엄마들은 자녀와의 사소한 약속을 소홀히 생각할 때가 있다. 이때 자녀도 사소하게 여기면 상관없겠지만, 그렇지 않다면 심각한 문제로 발전할 수 있다. 엄마와 자녀의 신뢰 관계가 깨질 수 있기 때문이다.

엄마가 약속을 지키지 않는 일이 한두 번씩 쌓이다 보면 자녀는 점점 엄마를 신뢰하지 않게 된다. 이런 상황에 이르게 되면 엄마가 하는 어떤 말도 믿지 않고 일단 거짓말로 여겨 버리기 시작한다. 엄마에게 해야 할 말을 감추거나 엄마의 말에 관심을 두지 않을 수도 있다.

엄마에게서 신뢰를 잃었을 때 자녀가 느끼는 배신감과 상처는 엄마의 생각보다 훨씬 크게 나타난다. 이러한 기억들은 생각보다 오래 가고 잊히지 않는다. 이는 가장 믿는 엄마에게서 실망하고 억울한 감정을 느꼈기 때문이다. 자녀가 이러한 경험을 깊게 갖게 되면 이는 자제력 저하로 이어질 수 있다. 즉각적인 것에만 관심을 두고, 공부처럼 오랜 시간을 두고 해야 하는 일에는 관심을 두지 않게 된다.

이를 잘 설명해 주는 두 가지 실험이 있다. 먼저 미국 스탠퍼드 대학의 심리학자 월터 미셸(Walter Mischel)과 그의 동료들이 진행한 너무도 유명한 '마시멜로 실험'이다.

실험은 다음과 같이 진행되었다. 아이들을 한 명씩 방으로 데려간 뒤, 마시멜로 한 개가 놓인 접시를 보여주고, 선생님이 잠시 자리를 비우고 돌아올 때까지 기다리도록 하였다. 아이들은 원하면 마시멜로를 먹을 수도 있다. 하지만 선생님이 돌아올 때까지 먹지 않고 15분을 기다리면 마시멜로 하나를 더 주겠다고 약속한다. 이후 선생님이 자리를 비운 뒤 아이들이 어떠한 행동을 하는지 관찰하였다.

[그림6-2] 마시멜로 실험

어떤 아이들은 선생님이 자리를 비우자마자 마시멜로를 먹었다. 어떤 아이들은 먹지 않으려고 애썼지만 결국은 참지 못하고 먹어 버렸다. 하지만 일부 아이들은 15분을 기다려 마시멜로 하나를 더 받았다.

이 실험이 화제가 된 이유는 후속 연구 때문이다. 연구진은 15년이 지나 이 실험에 참여했던 아이들이 어떻게 성장하였는지 추적 연구를 진행하였다. 그 결과, 유혹을 좀 더 오래 참았던 아이들이 청소년기의 학업 성적과 SAT 성적에서 더 우수하였다. 그리고 친구나 선생님들에게 인기 있는 사람으로 성장하여 사회성이나 대인관계가 좋은 것으로 나타났다.

이후에도 이를 바탕으로 많은 유사 연구가 이루어졌지만, '마시멜로 효과'는 너무 강력해서 지능지수와 같은 인지 능력보다 훨씬 더 예측력이 우수하였고, 인종이나 민족에 따른 차이도 나타나지 않는 것으로 밝혀졌다.

이 실험결과가 담고 있는 의미는 아주 간명하다. 자제력과 자기 통제력은 어린 나이에 형성되며 이렇게 형성된 능력은 이후 삶과 인생에 많은 영향을 미친다는 것이다.

최근에는 이 연구가 아이의 환경이나 사회경제적 배경을 간과했다는 지적을 받기도 한다. 그럼에도 여러 연구에서 확인된 사실은 아이들의 어릴 적 성향과 습관이 이후의 삶에도 많은 영향을 준다는 점이다.

어린 자녀를 둔 독자라면 이 글을 읽으면서 자녀에게 마시멜로 실험을 해 보고 싶은 충동을 느끼고 있을지도 모르겠다.

아이들의 자제력은 선천적으로 이미 결정된 것인가? 아이에게 마시멜로 실험을 해 보면 아이의 미래를 예측할 수 있는 것인가? 이에 대한 답을 줄 수 있는 또 다른 유명한 실험이 있다.

미국 로체스터대학의 인지과학자 셀레스트 키드(Celeste Kidd) 연구팀이 진행한 '크레파스 실험'이다. 이 실험은 마시멜로 실험과 비슷한 방법으로 진행되었다.

연구팀은 스물여덟 명의 아이들을 데리고 컵을 꾸미는 미술 활동을 할 것이라 설명하고, 크레파스가 놓인 책상에 앉게 하였다. 그리고는 책상에 놓인 크레파스 외에 색종이와 찰흙을 줄 테니 조금만 기다리라고 하였다.

몇 분 뒤, 한 그룹의 아이들에게는 약속대로 색종이와 찰흙을 주었고, 나머지 한 그룹의 아이들에게는 약속한 색종이와 찰흙을 주지 않았다. 그런 다음 이 두 그룹의 아이들을 대상으로 마시멜로 실험을 진행하였다.

그 결과 색종이와 찰흙을 받기로 한 약속이 지켜졌던 아이들은 무려 평균 12분을 넘게 기다렸다. 그리고 열네 명의 아이 중 아홉 명이 선생님이 돌아올 때까지 마시멜로를 먹지 않았다. 반면에 약속이 지켜지지 않은 아이들은 평균 3분만 기다렸고, 끝까지 기다린 아이는 단 한 명뿐이었다. 선생님에 대한 신뢰적 경험만으로, 아이들의 삶과 인생을 좌우한다는 마시멜로 실험을 쉽게 통과하도록 만든 것이다.

마시멜로 실험에서 참지 못하고 마시멜로를 먹어버린 아이들은 정말 절제력이 부족한 아이들일까? 아마 많은 아이가 참고 기다리면 마시멜로를 두 개 주겠다는 선생님의 약속을 더는 신뢰하지 않았을 것이다. 그래서 먹고 싶을 때 먹는 편이 낫다고 생각했을 것이다.

이처럼 아이들에게 신뢰는 자제력과 자기 통제력에 큰 영향을 미친다. 특히 엄마와 자녀의 관계에서는 더욱 그렇다. 엄마와 자녀의 신뢰 관계는 자녀의 자제력과 통제력에 영향을 미치고, 이는 자녀의 학습능력까지 영향을 주게 된다.

엄마는 자녀에게 있어 가장 믿을 수 있는 사람이다. 그런데 가장 믿는 사람에게서 신뢰를 잃은 경험을 하게 되면 다른 분야에도 부정적인 영향을 미치게 된다. 이는 공부뿐만 아니라 인생을 살아가는 데에도 마이너스가 될 수 있다. 자녀의 공부습관을 만들려면 자녀와의 신뢰 관계부터 돌아보는 것이 중요하다.

도파민 디톡스와 브레인 해킹

공부습관을 완성하려면 잘못된 습관부터 바로잡는 것이 어쩌면 더 중요할 수도 있다. 잘못된 습관을 바로잡는 방법으로 도파민 디톡스 (Dopamine Detox)와 브레인 해킹(Brain hacking)에 관해 소개하려 한다.

앞서 제1장에서 습관이 만들어지거나 중독에 이르는 과정에 도파민이라는 신경전달물질이 관여한다고 설명한 바 있다. 도파민 디톡스란 도파민 분비를 자극하는 상황이나 중독적 행동을 차단함으로써 뇌의 도파민 의존성을 떨어뜨리는 것을 말한다. 쉽게 말해 도파민 자극이 되었던 행동을 일정 기간 끊어버리는 것이다.

도파민 디톡스는 2007년 미국의 심리학자 알렉산더 로즈 (Alexander Rose)가 자신의 저서 『The End of Addiction』에서 처음 소개한 개념이다. 알렉산더 로즈는 도파민 디톡스를 통해 도파민의 과도한 분비를 줄이는 방법으로 나쁜 습관에서 벗어날 수 있다고 설명하였다. 이는 이후 사람들의 많은 관심을 받았고 현재는 잘못된 습관의 개선이나 중독에서 벗어나기 위한 하나의 방법으로 자리 잡게 되었다.

스마트폰이 보편화되면서 아이들이 디지털 콘텐츠에 빠져 습관을 넘어 중독에 이르는 경우가 많아지고 있다. 아이들이 쉽게 빠져드는 SNS상의 틱톡, 릴스, 쇼트폼 같은 동영상들은 짧은 영상들로 빠른 피드백을 제공하고, 그다음에 어떤 영상이 나올지 모르는 예측 불가의 알고리즘으로 계속 시청하도록 유도한다.

이처럼 빠른 속도의 피드백과 예측 불가의 알고리즘은 우리 뇌에서 도파민을 과도하게 분비하도록 유도하여, 이것들에 쉽게 빠져들게 만든다. 이처럼 과도한 도파민에 익숙해지면 일상의 즐거움에는 둔감하게 된다. 결국, 공부처럼 장기적인 과제에는 전혀 흥미를 느끼지 못하고 SNS나 게임과 같이 즉각적인 즐거움을 얻을 수 있는 것들에만 빠지게 된다.

인간은 한번 쾌락을 경험하게 되면 점점 더 강한 쾌락을 추구하며 강한 자극만을 찾게 된다. 따라서 이를 리셋할 필요가 있다. 도파민을 일정 기간 끊어버림으로써 도파민을 청소하고 리셋하는 것이 바로 도파민 디톡스이다. 갑자기 도파민을 끊어버리면 금단 증상을 느끼거나 처음에는 고통스럽겠지만, 이러한 고통과 쾌락의 밸런스를 리셋시키고 나면, 다시금 공부나 일상의 소소한 것들에서도 즐거움을 느낄 수 있게 된다.

자녀들이 게임과 SNS와 같은 콘텐츠에 빠져드는 이유는 디지털 세상에서는 특별히 노력하지 않아도 도파민을 얻기 쉽기 때문이다. 그래서 자신의 노력으로 얻어지는 성취감에 의한 도파민을 경험하기가 어렵다. 특히 최근에 개발되는 게임들은 개발 단계에 뇌과학자와 심리학자를 참여시킨다. 그들은 게임 속에서 얼마나 빨리 보상을 얻을 때 도파민이 분비되고 게임을 지속할지를 계산하여 개발한다. 그래서 아이들이 게임 속 세상에 더 쉽게 빠져버린다.

엄마들과의 상담 과정에서 도파민 디톡스의 개념과 필요성을 설명하면, 자녀들에게 이를 시도해 보지만 어렵다고 한다. 엄마가 자녀를 통제하기도 어렵고, 이미 게임이나 SNS에 의존성을 보이는 아이가 스스로 실천하기도 어렵기 때문이다. 인간의 뇌는 원래 게을러서 위기감을 느끼지 않으면 쾌락과 편안함만을 추구한다. 이러한 인간의 심리를 이용하여 행동을 변화시키는 브레인 해킹이란 개념이 있다.

브레인 해킹(Brain hacking)은 컴퓨터 해킹처럼 사람의 뇌를 조작한다는 의미를 담고 있다. 뇌과학, 심리학, 인지과학 등의 지식을 바탕으로 인간의 뇌를 최적화하거나 원하는 결과를 얻기 위해 뇌의 기능을 조작하는 것을 말한다.

브레인 해킹에는 다양한 방법이 있지만, 그중에서도 스스로 위기감을 조성하여 행동을 유도하는 방법을 소개하고자 한다.

초등학교 시절을 생각해 보면, 방학 내내 신나게 놀다가 방학 끝나기 며칠 전에야 밀린 숙제를 한꺼번에 몰아서 했던 경험이 있다. 이는 방학 숙제를 못해 가면 선생님으로부터 혼나게 된다는 위기감이 며칠 만에 밀린 숙제를 하도록 만든 것이다.

이와 같은 원리를 이용하여 스스로 위기감에 밀어 넣어 행동하게 만드는 것이다. 이때의 핵심은 스스로 자신을 위기에 밀어 넣어야 한다는 점이다. 타인에 의한 강요된 것이라면 브레인해킹이 아니다. 이는 앞서 관리설계에서 살펴본 회피동기를 자극하는 것이 된다.

그날 계획한 공부를 하지 않으면 엄마에게 벌금을 내겠다고 자녀 스스로 약속한다면 이는 브레인해킹의 한 예가 될 수 있다. 이 과정에서 엄마가 관여하더라도 자녀 스스로 결정해야만 브레인해킹이 된다. 브레인해킹은 자신을 스스로 위기에 밀어 넣어야 하기 때문이다.

저자의 공부습관캠프에 참가하려는 엄마들과 상담할 때 요청하는 사항이 하나 있다. 될 수 있으면 자녀 스스로 결정하여 캠프에 참가할 수 있도록 하라는 것이다. 엄마의 강요가 아닌 스스로 캠프에 참여함으로써 브레인해킹의 효과를 거둘 수 있기 때문이다. 한번 형성된 습관을 바꾸기는 어렵다. 자녀의 습관 교정을 위해 도파민 디톡스와 브레인해킹 기법을 활용해 보기 바란다.

자녀의 스마트폰 어떻게 할 것인가

엄마들에게 자녀의 공부에 가장 방해가 되는 것이 무엇인지 꼽으라면 스마트폰이 1위다. 요즘 아이들은 스마트폰을 늘 손에 쥐고 신체 일부처럼 사용하며 생활하는 '포노 사피엔스(Phono sapiens)'가 되었다. 스마트폰의 보급과 함께 스마트폰 사용시간이 급격히 증가하면서, 자녀의 스마트폰 사용에 대한 부모들의 고민도 커지고 있다.

스마트폰 사용이 지나치게 길어지면 학습 부진, 신체 건강 악화, 사회성 결여 등 다양한 문제를 초래한다. 실제로 미국 정신의학회(APA)는 2013년부터 인터넷 게임중독을 질병으로 분류하고 있으며, 우리나라에서도 2018년부터 인터넷 게임중독을 질병으로 인정하고 있다. 자녀의 스마트폰 사용을 적절하게 관리하는 것은 엄마의 중요한 과제가 되었다.

자녀의 스마트폰 사용을 어떻게 할 것인가? 사실 스마트폰 자체를 없애버리는 것이 가장 확실한 방법이다. 하지만 그것이 어렵다면 '도파민 디톡스' 편에서 살펴봤듯이 적어도 일정 기간은 스마트폰으로부터 완전히 차단하여 의존성을 줄여야 한다.

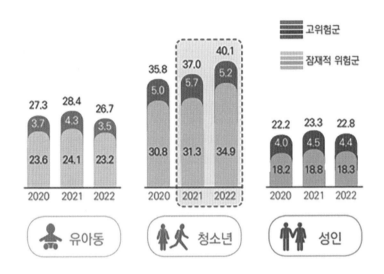

[그림6-3] 연도별 스마트폰 과의존 조사

요즘은 초등학생도 스마트폰이 없으면 아이들끼리 관계 형성이 안되는 세상이다. 모든 것이 디지털화되고 스마트폰이 삶의 일부가 되어버린 상황에서 자녀의 스마트폰 사용을 원천 차단한다는 것은 어려운 것이 사실이다.

자녀의 스마트폰 사용습관을 교정하려면 공부습관시스템의 습관 설계를 응용하여 관리해 볼 수 있다. 먼저 스마트폰 사용시간과 사용 공간을 제한하는 것이 가장 기본적인 관리방법이다. 엄마와 자녀가 함께 합의하여 스마트폰 사용시간을 정하고, 이를 지키도록 노력한다. 이는 습관설계의 행동설계를 응용하는 것이다.

스마트폰 사용을 제한할 때는 자녀의 의견을 충분히 반영하여 합리적인 사용시간을 정해야 한다. 학습, 수면, 식사 등 일상생활에 지장이 없는 범위에서 자녀의 나이와 현재 상황을 고려하여 설계한다.

스마트폰 사용에 대한 행동설계가 되었다면 이를 지키기 위한 환경을 조성한다. 이는 습관설계의 환경설계에 해당한다. 가족끼리 대화를 하고 있을 때나, 식사시간에는 사용을 금지하거나 공부하는 시간에는 스마트폰을 가지고 있지 못하도록 하는 것들이다. 또한, 약속된 시간에는 엄마도 자녀 앞에서 스마트폰을 사용하지 않고 다른 활동에 집중하는 모습을 보여준다.

자녀가 스마트폰 사용에 대한 약속을 잘 지키면 용기를 북돋아 주고, 그렇지 않으면 제재를 가하는 엄격한 관리를 한다. 이는 습관설계의 관리설계에 해당한다. 자녀와 스마트폰 사용에 대한 규칙이 정해졌다면 절대로 예외가 있어서는 안 된다. 한번 정해진 규칙은 엄격히 지켜지도록 관리해야 한다.

앞서 설명한 바와 같이 한두 번의 예외가 있으면 예외가 기준이 되어 버린다. 그러면 그동안 쌓아온 스마트폰 사용습관이 한 번에 무너질 수 있다. 이때 규칙에 예외가 없어야 하는 것은 엄마도 마찬가지다. 자녀에게만 엄격하고 자기에게는 관대하다면 자녀와의 신뢰가 깨질 수 있다.

자녀의 스마트폰 사용을 제대로 관리하려면 많은 시간과 노력이 필요하다. 특히 이미 습관으로 자리 잡았을 땐 더 그러하다. 엄마가 디지털 생태계를 모르면 자녀에게 주도권을 빼앗기게 된다. 제대로 관리하려면 엄마도 자녀들의 디지털 세계에 대한 이해와 공부가 필요하다. 엄마가 모르면 제대로 관리할 수 없기 때문이다.

자녀의 스마트폰 사용을 무조건 통제하려고 하지 말고, 자녀의 의견을 존중하고 협력하는 자세가 필요하다. 습관을 바꾸려면 시간이 더 디더라도 일정 기간 지속적인 관리로 새로운 습관을 만들어야 한다.

공부 잠재력을 깨워라

얼마 전 TV에서 야생동물의 생활을 다룬 다큐멘터리를 보게 되었다. 마침 내가 가장 좋아하는 동물인 치타의 야생 생활을 다룬 내용이었다. 태어난 지 몇 개월 안 된 어린 치타가 어미 치타로부터 사냥하는 법을 배워가며 성장하는 내용이었다.

치타는 육상동물 중 가장 빠르고 최고의 사냥 성공률을 보이는 동물이다. 이렇게 사냥에 최적화된 치타이지만 어린 치타가 처음부터 사냥을 잘하는 건 아니었다. 어미로부터 사냥기술을 배우기 전까지는 날쌘 치타라도 사냥에 성공할 수 없었다.

새끼 치타는 어미 치타의 사냥하는 장면을 보고 실패를 경험하며 차근차근 사냥기술을 배워갔다. 이렇게 수개월에 걸쳐 어미로부터 배우던 어린 치타는 결국 사냥에 성공한다. 비로소 치타다운 사냥 면모를 갖추게 된 것이다.

치타는 선천적으로 빠른 스피드를 가지고 있어 사냥에 최적화되어 있는 동물이다. 하지만 이런 잠재력을 지닌 치타라 할지라도 방법을 익히기 전까진 제대로 사냥하지 못한다.

청소년기의 자녀들도 어린 치타와 같지 않을까? 어린 치타처럼 대한민국이라는 정글에 버티고 있는 건 아닌가 말이다. 치타가 정글에서 사자와 표범 같은 포식자들과 경쟁하듯 우리 아이들도 경쟁 속에서 있다. 매번 전력 질주를 해보지만, 아직은 서툴고 중심을 잃기도 한다. 하지만 이는 약해서가 아니다. 어린 치타가 그랬던 것처럼 잠재력이 있지만, 아직 능력을 덜 갖추었기 때문이다.

치타도 사냥을 제대로 배우려면 수많은 시행착오와 반복 과정을 거친다. 처음엔 서툴지만 반복하면서 몸으로 터득하게 되고 나중엔 몸이 반응하여 저절로 행동하여 사냥한다. 자녀들에게는 어떤 능력을 갖추게 해야 할까? 인간에게 있어 이는 습관의 영역이라고 생각이다. 우리는 이미 습관적으로 살고 있다. 다만 그 사실을 잘 인식하지 못하고 있을 뿐이다.

진화는 우리에게 상황에 적응할 수 있는 훌륭한 두뇌를 선사했지만, 현대에 들어오면서 몇 가지 버그를 발견했다. 디지털 콘텐츠와 게임 개발자 등은 우리 두뇌의 취약점을 공략하는 법을 깨우쳤다. 과거보다 자녀들이 싸워야 할 대상들이 더 많아진 것이다. 많은 아이가 공부에 집중하지 못하는 자신의 능력과 의지력을 탓한다. 하지만 그렇지 않다. 자녀가 공부와 조금씩 멀어지고 있다면 지금까지 생활해온 방식을 점검해야 한다.

공부습관시스템으로 견고한 공부습관을 만들어내길 바라는 마음에서 이 책을 썼다. 자녀가 그동안 방치해 두었던 습관과 협력한다면 더 이상 충동에 흔들리지 않고 공부할 수 있다. 공부는 개인적인 용기와 결단만으로는 완성되지 않으며 하루아침에 목표가 이뤄지는 것도 아니다. 공부를 잘하는 아이들은 강한 자제력을 가지고 있는 것처럼 보이지만, 실은 공부를 습관으로 만듦으로써 이를 쉽게 해결한다.

이 책은 자녀의 공부습관을 만들기 위한 엄마들의 책이지만, 사실상 우리 삶 전부를 다룬다. 우리가 '습관'이라 부르는 이 메커니즘은 본격적으로 활동하기까지 꽤 오랜 시간이 걸린다. 하지만 한번 자리 잡으면 어지간해서는 사라지지 않는다. 습관은 애쓰지 않는다. 습관의 힘에 올라타 자녀만의 공부습관시스템을 구축하라. 처음에는 힘들겠지만, 습관이 잡히면 아이는 저절로 간다. 이를 위해서는 제대로 방향을 잡아주는 엄마의 역할이 필요하다. 아이가 성장하는 것은 이제 시간문제다.

감사의 글

먼저 이 책을 쓰는 과정에서 의견과 용기를 준 직원 이혜진에게 감사 인사를 전하고 싶다. 내가 담고자 하는 내용을 책으로 만들어 낼 수 있을지 고민할 때마다 용기와 피드백으로 이 책을 쓰는 데 많은 도움을 주었다. 그리고 나의 아이디어를 귀담아듣고 이 책의 출간 제안을 받아주신 미다스북스 출판사에도 감사드린다.

주석

[국문]

1. 러셀 폴드랙(Russell Poldrack), 습관의 알고리즘, 신솔잎, 비즈니스북스, 2022, 62~63p

2. BJ 포크(Brain Jeefery Fogg), 습관의 디테일, 김미정, 흐름출판, 2022, 64~69p

3. 웬디 두드(Wendy Wood), 해빗(Habit), 김윤재, 다산북스, 2022, 40~42p

4. 제임스 클리어(James Clear) 아주 작은 습관의 힘, 이진원, 비즈니스북스, 2022, 73~82p

5. 스티븐 기즈(Stephan Cuise) 습관의 재발견, 구세희, 비즈니스북스, 2022, 88p

6. 미하이 칙센트미하이(Mihaly Csikszentmihalyi), 창의성의 즐거움, 김성환, 2003, 61~72p

7. 리처드 탈러(Richard H. Thaler) 넛지, 안진환, 리더스북, 2009, 40~43p

8. 다니엘 네틀(Daniel Nettle), 성격의 탄생, 김상우, 와이즈북, 2015, 169~170p

9. 강성태, 강성태 66일 공부법, 다산에듀, 2019, 91~93p

10. 로저 마틴(Roger Martin), 생각이 차이를 만든다, 김정혜, 지식노마드, 2008, 121~123p

11. 조안 루빈(Joan Rubin), 착한아이 콤플렉스, 김은희, 살림출판사, 2005, 35~30p

12. 송동훈, 송동훈의 그랜드투어, 김영사, 2010, 126~127p

13. 맥스웰 몰츠(Maltz, M.), 자기 암시: 더 나은 삶을 위한 새로운 방법, 비즈니스북스, 2018, 121~123p

14. 이영직, 단순한 원칙 하나가 당신의 미래를 바꾼다, 스마트비즈니스, 2006, 77~78p

15. 강석기, 습관회로 만들어지면 없애기 어려워, 동아사이언스, 2014.05.26.

16. 엣지안, 의식혁명 메타인식, 2020.05.12. blog.naver.com/ladyluck3696

17. 공인호, 자녀의 성공을 위한 올바른 칭찬 방법, FORTUNE KOREA, 2023.08.10.

18. 소리끝, 수행목표 vs 학습목표, 티스토리, 2007.03.12. kodobby.tistory.com

19. 포텐셜, 습관이 생기는 일수에 대한 오해들, 2021.08. 12 brunch.co.kr/@pottersd2/13

[영문]

1. Kidd, C. (2010). The crayon box effect: How children use color to express their thoughts and feelings. Psychological Science, 21(10), 1468-1473.

2. Mischel, W., Shoda, Y., & Peake, P. K. (1988). The nature of adolescent competencies predicted by preschool delay of gratification. Journal of Personality and Social Psychology, 54(4), 687-696.

3. Rally, P. (2023). The study habits experiment: A practical guide to improving your study habits. New York: Oxford University Press.

4. Costa, L. (2023). The neuroscience of habit formation. New York: Oxford University Press.

5. Rosenthal, R., & Jacobson, L. (1968). Pygmalion in the classroom. New York: Holt, Rinehart & Winston.

6. Drake, E. A., Fagan, P. R., & Luke, D. A. (2010). Parental smoking and adolescent smoking: A review of the literature. Canadian Journal of Public Health, 101(3), 213-217.

7. Lawrence, E. A., Schaumberg, K., & Noh, S. (2015). The effects of goal setting on college student motivation and achievement. Journal of Applied Social Psychology, 45(10), 667-683.

8. Dweck, C. S. (1986). Motivational processes affecting learning. American Psychologist, 41(10), 1040-1048.

9. Bandura, A. (1969). Social learning and personality development. New York: Holt, Rinehart & Winston.

10. NTL (National Training Laboratories). (1964). Learning by doing: A guide to teaching and learning methods. New York: McGraw-Hill.

11. Christensen, C. F., Barrett, J. D., Moran, S. V., & Thompson, M. (2006). A motivational intervention to increase high school students' academic performance. Science, 313(5786), 1256-1259.

12. Chetty, R., Hendren, N., Kline, P., Saez, E., & Turner, N. (2014). The effects of exposure to better neighborhoods on children: Evidence from the Moving to Opportunity experiment. American Economic Review, 104(5), 1569-1615.

13. Wardle, J., Gardner, B., & Wood, A. M. (2011). Habits: A synthesis of the literature and

implications for behavior change. Health Psychology, 30(4), 430–443.

14. De Ridder, D. T. D., De Wit, J. B. F., & Plant, R. (2012). Habits and their impact on health: The example of blood donation. Health Psychology, 31(2), 191–199.

15. Michael Bourne, We Didn't Eat the Marshmallow. The Marshmallow Ate Us. 2014.01.10. The New York Times.